VIDA IMPARABLE

Jhon Milton Rodríguez es un ingeniero industrial, experto en liderazgo y conferencista internacional. Sus mensajes cristocéntricos han transformado la vida de miles de personas en Latinoamérica, Estados Unidos y Europa. Es el fundador y presidente de la iglesia Misión Paz a las Naciones—cuya membresía que supera las 30 000 personas, y es uno de los ministerios cristianos de más sólido crecimiento en Latinoamérica—la Universidad CUDES y el banco de alimentos de la Fundación Misión Paz. Hace parte de concejos de política social a nivel gubernamental, orienta la red empresarial *Visión y Éxito* en su país y dirige el programa de televisión *Visión y Éxito*, a través del cual impacta a miles de personas en más de cien países del mundo.

Vida imparable es el primer libro de la serie *Visión y Éxito para tu vida*, cuyo propósito es brindar herramientas prácticas para construir futuros relevantes y formar personas significativas.

Este maravilloso libro, escrito con la fluidez que caracteriza a Jhon Milton Rodríguez, nos recuerda cómo Dios ha preparado para cada ser humano un morral cargado de adecuadas provisiones, para que en el momento en que enfrente el día a día, salga seguro de la cueva y vaya a la cima de la montaña más alta, con la clara tarea de buscar la plenitud del éxito.

—Hernán Orjuela Buenaventura
Reconocido presentador y director de televisión y espectáculos en Iberoamérica

Jhon Milton Rodríguez ha plasmado en *Vida imparable* un legado de transformación para todas las personas que desean escalar las cumbres del ÉXITO.

—FRANCISCO JAMOCÓ ÁNGEL
Presidente Grupo Sion S.A.

En sus manos tiene una gran riqueza para su vida. Si hubiera otro título, lo llamaría *La voz del Padre*, pues lo que experimenté al leer cada página fue como si tuviera frente a mí al Padre Dios guiándome a vivir Su vida abundante.

—ALEXIS RODRÍGUEZ
Presidente Visión Internacional

VIDA IMPARABLE

JHON MILTON RODRÍGUEZ

CASA CREACIÓN

La mayoría de los productos de Casa Creación están disponibles a un precio con descuento en cantidades de mayoreo para promociones de ventas, ofertas especiales, levantar fondos y atender necesidades educativas. Para más información, escriba a Casa Creación, 600 Rinehart Road, Lake Mary, Florida, 32746; o llame al teléfono (407) 333-7117 en Estados Unidos.

Vida imparable por Jhon Milton Rodríguez
Publicado por Casa Creación
Una compañía de Charisma Media
600 Rinehart Road
Lake Mary, Florida 32746
www.casacreacion.com

Este libro se publicó originalmente en el 2013 bajo el mismo título *Vida imparable,* por Misión Paz a las Naciones.

Visite la página web del autor: www.jhonmilton.org

Edición por: Fabián de Jesús Díaz, Diego Herrera y Luis Enrique Ramos
Diseño de portada por: Vincent Pirozzi
Director de Diseño: Justin Evans

Library of Congress Control Number: 2016954894
ISBN: 978-1-62999-055-2
E-book ISBN: 978-1-62999-321-8

Impreso en los Estados Unidos de América
16 17 18 19 20 * 6 5 4 3 2 1

DEDICATORIA

Vida imparable lo dedico a aquellos que identifican que la vida es una oportunidad única y digna de ser aprovechada, que aceptan que cada día es una puerta para entrar a nuevas dimensiones de realización y que están decididos a hacer su mejor esfuerzo para lograrlo, pasando la página de dificultades o glorias pasadas.

AGRADECIMIENTOS

A mi buen Dios, que solo por Su favor y gracia este libro es una realidad.

A mi amada esposa, Norma Stella, por su acompañamiento incondicional en las jornadas de una vida imparable.

A mis hijos, quienes son una inspiración permanente para mí y para quienes me rodean y conocen.

A mis padres, que de manera paciente nos motivaron a mí y a mis hermanos a conocer a la persona más especial e importante para nuestras vidas: el Señor Jesucristo.

A la gran familia Misión Paz a las Naciones, quienes con su amor y respaldo me alientan cada día a seguir adelante en los grandes desafíos que tenemos.

A mis amigos Rick Thomas y Francisco Jamocó, que me animaron a dejar un legado para la presente y las próximas generaciones a través de una literatura práctica y útil.

A mis mentores César y Claudia Fajardo, por creer en mí y acompañarme en mi proceso y desarrollo de liderazgo.

A William Castaño Barón y al equipo editorial y de publicaciones, por su asesoría y cristalización profesional de *Vida imparable*.

ÍNDICE

PRÓLOGO

Viajar es siempre una experiencia que muchos colocan entre sus sueños por alcanzar. Pero cuando esto se vuelve una cuestión de trabajo y sacrificios, como en mi caso como conferencista, no lo vemos tan atractivo, y con frecuencia deseamos con fervor poder regresar al hogar cuanto antes. Más aun cuando se tienen hijos pequeños o adolescentes; no conviene estar mucho tiempo afuera.

Cuando mi esposa y yo volvíamos a casa tras un viaje, buscábamos juntos maneras creativas de recuperar el tiempo que no habíamos pasado con nuestros hijos. Necesitábamos tiempo de calidad para fortalecer nuestra relación con ellos, y encontramos una manera: *cocinar juntos*. En cada lugar a donde íbamos probábamos algún plato típico; si nos gustaba, averiguábamos la receta y al regresar a casa animábamos a nuestros hijos a prepararlo con nosotros. Entre la preparación y el comerlo aprovechábamos para hablar, contarles sobre nuestros viajes y también enterarnos de sus propias cosas.

No todas las veces estos tiempos salían bien. Muchas veces no encontrábamos los ingredientes en nuestro país, o el proceso de preparar determinado plato no resultaba. Nos hubiese gustado en esos casos llamar al chef y preguntarle cómo hacer bien las cosas. Pero hemos aprendido y ahora podemos hacer cosas muy deliciosas juntos y disfrutar como familia estos tiempos.

Con la misma expectativa de un buen tiempo en familia,

como nosotros lo buscábamos, también deseábamos en otras áreas resultados exitosos.

Todos queremos que el futuro esté lleno de éxito y prosperidad; de momentos en que podamos celebrar el haber conseguido los objetivos propuestos. Podemos vernos, así mismo, siendo recompensados por nuestros mejores esfuerzos. Tenemos una visión de éxito. Pero en algunos esta visión incluye lograr nuestras metas en un tiempo muy corto, con un golpe de suerte y sin dar lo mejor. No es malo tener sueños; la dificultad está en la cultura errada de lograrlos sin vivir las disciplinas necesarias.

El libro que usted tiene ahora en sus manos, *Vida imparable*, es muy oportuno para quienes están embarcados en el reto de alcanzar una vida mejor, una vida fructífera. Contiene los ingredientes que usted necesita para lograr frutos más abundantes en su vida. Describe de manera sencilla y clara la manera de agregar estos ingredientes en su vida diaria, pues hace muy práctico lo aprendido. No hay nada que frustre más que leer algo difícil de entender, pero sobre todo no encontrar cómo ponerlo en práctica. No será su caso con este libro.

Lo más importante es que todo lo anterior se hace efectivo por la manera como se pone usted en contacto con el Creador de los principios para una vida imparable: Dios todopoderoso. No es un libro de simple motivación, o de unos cuantos pasos para una fórmula exitosa. Tiene que ver con relaciones, y relaciones nada más y nada menos que con el Dios que todo lo puede, todo lo ve y todo lo sabe. Es un libro que le acercará a quien le puede decir cómo obtener los ingredientes y cómo usarlos.

Usted, mientras lee esta obra, comprenderá que *Vida*

imparable establece una relación de amistad y guía con alguien que anhela verle en bendición: Dios mismo.

En *Vida imparable* el autor escribió con base en su propia experiencia. Él ha sido, como esposo, padre y líder, fiel a estos ingredientes para el éxito que expone; ha visto funcionar el proceso que él mismo describe en su vida y en la vida de los otros; pero sobre todo, tiene una relación de amistad y dirección con el Todopoderoso. ¿Cómo lo sé? He visto por varios años cómo la vida de este hombre comenzó de ceros para ser hoy en día un líder de influencia en su campo. Sus resultados son evidentes.

Me alegra que usted tenga ahora este libro en sus manos. Lo escrito en él está respaldado por miles de vidas transformadas por estos principios enseñados a través de los años por Jhon Milton. Ellos son los testigos de su eficacia.

Este libro da los ingredientes, le explica cómo agregarlos en su vida y lo pone en contacto con quien más anhela verlo en una vida imparable. Tiene usted la llave que puede abrir esta puerta.

—César Fajardo
Presidente
Sin Muros Internacional

Introducción

ES HORA DE SALIR DE LA CUEVA

Allí pasó la noche en una cueva.
Más tarde, la palabra del Señor vino a él.
—¿Qué haces aquí, Elías?—le preguntó.
El Señor le ordenó:
—Sal y preséntate ante mí en la montaña,
porque estoy a punto de pasar por allí.
—1 Reyes 19:9 y 11

Escribir un libro es un asunto de absoluta responsabilidad cuando la visión de este es aportar un legado de principios útiles para la vida cotidiana. Después de varios años de ver los resultados prácticos en mi vida y de acompañar a muchas personas en sus procesos de vida en lo personal, lo familiar y lo financiero, Dios me inspiró, y a través de muchas personas bondadosas me alentó a poner por escrito cómo desarrollar una vida imparable.

Vida imparable es un conjunto de principios eternos y universales que te ayudarán a descubrir oportunidades para crecer y mejorar tu calidad de vida, en un proceso que demanda perseverancia y una sólida y plena relación con Dios. *Vida imparable* no es una panacea o una receta mágica para una existencia idealista, ni desconoce que hay situaciones difíciles que en ocasiones no presupuestamos y que debemos enfrentar, pero sí te hará consciente de aquellas que se pueden prever y en las que tenemos la plena responsabilidad de influir.

Siempre me ha llamado la atención por qué hay personas con una capacidad asombrosa para establecer metas, cumplir planes y alcanzar el éxito, aun cuando las circunstancias a su alrededor no sean las más favorables ni las más afortunadas. También me he preguntado muchas veces por qué a otros, en cambio, les cuesta tanto ver realizados sus sueños, a pesar de que cuentan con una genuina intención y con el deseo y los talentos para hacerlo. ¿Por qué unos escalan con tanta propiedad la cumbre de sus anhelos y sueños y otros se la pasan dando tumbos y tropezones entre el deseo y la frustración? En mi opinión creo que la razón por la cual unos sí logran aquello que han soñado y se han propuesto va mucho más allá del talento humano, del deseo interior, o la benevolencia de las circunstancias externas.

Todos tenemos talentos y habilidades mentales y físicas asombrosas. Dios nos trajo al mundo con una dote maravillosa para que cumplamos un propósito individual, para que construyamos nuestra historia personal con pasión y dedicación y para que de esa manera ocupemos un lugar de trascendencia en este mundo. Sin embargo, muchas personas, a pesar de que poseen un caudal de habilidades tremendas, de que cuentan con el favor de Dios en su salud, fortaleza física y hasta con las bondades de la tecnología actual, viven vidas paupérrimas, tristes y básicas, desprovistas de la emoción del triunfo y de la alegría de la victoria. ¿Por qué? Porque han decidido refugiarse en la cueva del temor al qué dirán, del miedo al fracaso, o el conformismo, la pereza, los fracasos anteriores y hasta en la religiosidad. Porque han decidido desconectarse por completo de la acción para asumir una actitud pasiva y lacónica frente a la vida y esperan quizá que la suerte o la misericordia del Creador los alcance allí para levantarlas, sin tener que hacer el más mínimo esfuerzo.

Contrario a esto, la gente exitosa y triunfadora no se esconde en cuevas ni se aleja de la realidad, por complicada que esta parezca. Son personas que saben muy bien que para triunfar deben librar primero grandes batallas, y aunque parezcan gigantes imposibles de vencer, ellas comprenden que son más grandes y fuertes que cualquier dificultad. Así fuimos creados: como individuos diseñados para vencer y trascender. Las semillas de la visión y el éxito están en nuestro ADN, corren por nuestra sangre como una vitamina poderosa que espera que la activen y la usen adecuadamente.

La razón por la que unos triunfan y se alzan con los laureles del éxito y otros simplemente agonizan en la oscuridad de sus propias cuevas de autoprotección es la actitud que unos y otros asumen frente a la vida. Mientras que para los vencedores los desafíos cotidianos son la materia prima para construir sus escalones hacia la cima de sus sueños, para los otros esos mismos desafíos cotidianos son la causa de su estancamiento.

La manera como cada uno de estos grupos asume los desafíos de la vida es lo que al final suma o resta en el balance personal. La victoria no comienza en el entorno de los individuos, ni en sus circunstancias personales, ni en ningún otro factor ajeno. La victoria realmente empieza con una decisión a conciencia, cuando nos paramos frente a la vida y decimos: “Lo voy a lograr aunque parezca imposible”, cuando comprendemos claramente que no fuimos creados para vivir encerrados y amedrentados en una cueva solitaria, sino para habitar en las cumbres más altas de las montañas de la vida.

Cuando Dios vio que Elías se había escondido en la cueva lleno de miedo y confusión, le preguntó: "¿Qué haces aquí, Elías?". Y como la respuesta del profeta era una excusa incoherente, Dios le habló de manera imperativa. Le dio la orden de salir y presentarse ante Él en la montaña. Del mismo modo nosotros debemos abandonar las cuevas del temor, el conformismo, la vanidad, la religiosidad y decidir habitar en las cumbres de las grandes realizaciones. Realmente para eso fuimos creados: para vivir una vida de alto nivel, en una dimensión de grandeza que nos reconcilie con nuestro propio carácter y naturaleza.

¡El llamado también es para ti!

¿Qué haces en esa cueva cuando deberías estar en la cima de la montaña? Es en lo alto de la montaña donde la vida se vislumbra en toda su plenitud, donde vemos la realidad con los ojos correctos. Es allá en lo alto donde el Sol brilla con mayor intensidad, donde los colores se perciben con todas sus tonalidades y amplia diversidad. Es allá también donde el viento sopla con mayor ímpetu.

Si quieres que el Sol brille para ti con mayor fuerza y vitalidad, debes decidir subir a la montaña, vivir de cara al Creador y de cara a tu propio destino y futuro. Si quieres que el viento sople a tu favor, debes salir de la cueva, del escondite de la cobardía, la angustia, la desilusión, y caminar hacia la cima de la montaña.

Pero, ¿qué tipifica la montaña? Todo lo opuesto a la cueva. Es la emoción producto de las metas por conquistar, es un horizonte que se presenta frente a nosotros y nos invita a caminar y a ponernos en movimiento, es todo aquello que nos motiva a sacar lo mejor de nuestros talentos, aquel tesoro maravilloso que aguarda en el interior de cada ser humano esperando ser usado en la mejor de las causas: alcanzar una vida plena, feliz, exitosa.

La montaña también significa caminar cerca de Dios, tener al Creador como aliado natural que nos inspirará a lo largo de la existencia. Una vida plena y de éxito es imposible si Dios no tiene el lugar que le corresponde en nuestra vida. No es solo un asunto religioso. Va mucho más allá.

Tener a Dios como sustento natural es mucho más que seguir un dogma o cumplir un rito; es contar con el poder sobrenatural más alto para alcanzar un estándar de vida que esté realmente acorde con nuestra dignidad y propósito. Fuimos creados con un patrón de eternidad diferente a las demás especies de la Creación; por lo tanto, todo lo que hagamos o vislumbremos en esta Tierra tiene que ser compatible con ese patrón, pues de lo contrario cualquier cosa que hagamos o pretendamos hacer carecerá de trascendencia y poder.

Habitar en la montaña significa también aprender a vivir por estándares de vida superiores. No debemos vivir de cualquier forma. Para nosotros es falso el refrán que dice: "El fin justifica los medios". Por el contrario, el fin *determina* los medios. Y es esa misma conciencia de grandeza la que nos establece unas normas y unos límites; la que nos traza el cómo y el porqué vivir con estándares diferentes a los de la mayoría de los seres humanos. Tú fuiste creado para vivir una vida de excelencia, y por consiguiente no puedes conformarte con una medida inferior a ese nivel. Nuestros estándares deben ser superiores y consistentes con lo que creemos y proclamamos.

Sólo en lo alto de la montaña podemos ser realmente transparentes, genuinos y cabales. Allá no podemos escondernos ni mimetizarnos, como sí suele ocurrir en la cueva. En la montaña simplemente somos lo que somos, y a la vista de todos. Una vida de honestidad completa es posible cuando nos atrevemos a salir de nuestro escondite secreto y aceptamos el reto de habitar en lo alto de la montaña. ¡Qué curioso! La honestidad es otro de los ingredientes estelares de una vida exitosa.

No quiero dejar pasar la oportunidad sin señalar que la montaña también es prototipo de estrategia. Nadie más ha escalado las montañas más altas sin contar primero con una estrategia o un plan de acción. Se requiere una metodología y una estrategia para conquistar cada montaña. Cada vida, cada sueño, cada deseo e ilusión del corazón que quiera ver la cima de la realización personal requiere un plan de acción y una metodología específica. Nadie llega a la cima por azar o casualidad. Toda meta en ascenso exige una gestión y un plan hecho a conciencia. La improvisación no es una opción para quien realmente quiere acceder a la montaña de su realización personal. De hecho, quien no planea su éxito ¡ya está planeando el fracaso!

He concebido este libro con el propósito de ayudarte a discernir en dónde estás y por qué estás ahí. No pretende ser un recetario más de motivación, ni un libro de esos que emocionan mientras se leen pero que luego se olvidan. Busca ser, más bien, un espejo en el que puedas examinarte, visualizarte y reconocerte. Y quiere ser, además de espejo, la ruta que te traza el itinerario del viaje desde tu cueva de temor, conformismo, cobardía, malas experiencias, religiosidad, vanas suposiciones, engaño, hacia la montaña segura que Dios ha reservado para ti, y donde te aguardan tu destino y tu propósito. Deseo que al leer cada página, al considerar cada reflexión, cada reto, tu vida se inspire y se desafíe a salir de las oscuras y rancias cuevas de la mediocridad existencial para emprender la marcha hacia la cumbre bienaventurada de tu propio destino.

Bienvenido a tu VIDA IMPARABLE.

Capítulo 1

PELEA POR TU DESTINO

Quiero iniciar este capítulo con un desafío: ¡Pelea por tu destino!

ESTA ES UNA lucha que nadie puede librar por ti. Ni tu esposo, ni tus padres, ni tus amigos, ni tus maestros, ni tus patronos, ni tus líderes religiosos. Nadie puede pelear por tu destino, ¡excepto tú mismo! Así como eres único en diseño, fisonomía, carácter, habilidades y destrezas, así como tienes rasgos particulares que te diferencian de los demás, tienes un destino único que Dios ha preparado para ti y que te aguarda, que te espera y por el cual debes luchar con ánimo inquebrantable. Amigo, la vida avanza rápido en esa inexorable línea del tiempo y las decisiones que tomes ahora tendrán consecuencias en tu futuro cercano. Por lo tanto, no puedes seguir postergando decisiones importantísimas, como determinar la conquista de un lugar de privilegio en esta Tierra. Debemos ser personas de éxito y propósito en todos los campos y forjadores del destino al que hemos sido llamadas a conquistar.

Tristemente, hay millones de personas en el mundo que no luchan por su destino, sino que se conforman con vivir una vida mediocre y liviana. Para ellas ésta es como una poesía, idílica y fantasiosa, y no comprenden que la vida es una guerra de condiciones reales en que no nos podemos dormir ni asumir posiciones pasivas, porque existen enemigos invisibles y visibles, que quieren mantenernos sumidos en el fracaso, en la ignorancia, para que de esa forma no seamos productivos ni tengamos el lugar de privilegio que Dios quiere para cada uno de nosotros.

El destino lleno de éxito y plenitud es sólo para quienes no viven en una burbuja de adormecimiento, sino despiertos y de frente a las nuevas realidades y desafíos que les depara el presente. Las puertas de un porvenir exitoso se abren para quienes se preparan conscientemente en todas las áreas: espiritual, intelectual, emocional y física.

No podemos hablar de conquistar metas relevantes en la vida si primero no asumimos el reto de formarnos como seres integrales; si no nos preocupamos por la formación profesional, por conocer nuevos desarrollos tecnológicos y entender que este mundo evoluciona a una velocidades asombrosas y que solo quienes se actualizan en todos los campos triunfarán y alcanzarán su destino.

Debes tener claro que eres parte de una nueva generación, o "*generacción*", como lo denominan algunos sociólogos. Eso quiere decir que eres parte de una generación en movimiento, que se caracteriza por la acción, por generar actividad; que está abierta a lo novedoso, a los nuevos desafíos, y que es altamente creativa y proactiva.

Cuando hacemos lo que está a nuestro alcance y le ponemos interés y motivación a las metas, Dios abre las puertas que han permanecido cerradas y nos da la oportunidad de ascender al nivel de vida que Él quiere que tengamos. Dios premia la diligencia y honra la actitud luchadora. A Dios le encanta la gente que dice: "Ahora no soy, pero seré; ahora no tengo, pero tendré, y con Tu favor, Señor, lo lograré". Quienes andan por la vida desubicados y sin ninguna expectativa clara, con una conciencia básica en cuanto a su futuro, quedarán relegados en el camino y serán presas fáciles de los males de esta sociedad y de las más corruptas inclinaciones humanas. Las personas que no se ocupan de llenar sus mentes de conocimiento, inteligencia y habilidades para conquistar un estilo más alto y digno de vida lo llenarán de maldad, mentiras y decepción. Por eso la sentencia es clara: o llenas tu mente de sabiduría, creatividad y responsabilidad, o la llenas de basura y destrucción.

"La pelea por tu destino comienza en tu mente".

Proverbios 23:7 dice que somos el resultado de nuestros pensamientos. En otras palabras, somos el resultado de lo que hay en nuestra mente. Si en tu mente hay complejos, tus acciones serán las de un acomplejado, vivirás como un acomplejado y tus aspiraciones serán las de un acomplejado. Si en tu mente hay desánimo y frustración, eso será lo que proyectas y es lo que mide tus acciones. Hay muchas personas que desde la infancia han estado llenando sus mentes de mentira y engaño; han creído lo que sus padres o familiares cercanos han dicho de ellos: "*No sirves para nada*", "*eres un cabeza hueca*", "*este no sirve ni de encarte*", y de tanto escuchar y repetir mentalmente esas mentiras y creerlas, han terminado convirtiendo justamente dichas sentencias en la medida de sus acciones.

Es cierto que muchos de nosotros crecimos en ambientes familiares hostiles en los cuales usaron nuestra mente como un basurero de frustración, odio, resentimiento y desilusión. Quizá te tocó crecer en un ambiente en el cual no supieron afirmarte integralmente, y en vez de recibir palabras de aprobación, recibiste desaprobación, y en lugar de palabras de honra, palabras de deshonra. A lo mejor en tus pensamientos esté la causa de tu estancamiento personal. Cada vez que tratas de pensar de manera positiva y proyectarte hacia un logro, una meta o un sueño, te encuentras de inmediato con toda esa basura mental que has ido acumulando a lo largo de los años. Cada vez que piensas en un deseo interior te encuentras de frente con esas palabras contundentes repetidas una y mil veces: "*No sirves para nada, eres un estorbo y un inútil*", y entonces sientes que el peso de esas palabras es mayor que el de tu propio deseo interior por avanzar y conquistar.

Es claro que una mente llena de ese tipo de pensamientos nocivos jamás podrá avizorar con claridad un futuro digno y pleno. Imagínate por un momento que estás parado frente a una ventana intentando ver el paisaje exterior con unos lentes sucios, empañados y llenos de moho. Por más que pongas interés, que afines la mirada, vas a ver un panorama oscuro y nublado. ¿Por qué? Por causa de tus lentes sucios. De igual manera, si tu mente está sucia por tanto engaño y basura acumulados a lo largo de los años, no podrás percibir las bondades del futuro y el destino que Dios ha diseñado para ti. Tus proyecciones mentales serán una deformación desprovista del encanto necesario para que te llenen de motivación y fuerza.

Realmente la primera guerra que debemos librar por nuestro destino es la batalla por nuestros pensamientos. Pelear hasta vencer. Vencer en términos mentales significa descodificar nuestra mente de todas aquellas mentiras con que fuimos programados, renunciar a todo ese bagaje mental con el cual nos hemos estado conduciendo por la vida y adoptar otro tipo de pensamientos afines a nuestra dignidad y posición con la creación de Dios. Quizá pienses que esto no es fácil, y probablemente tengas razón. Por eso es una guerra, una batalla en la que debes aportar el máximo esfuerzo y la máxima convicción para salir airoso y triunfante. El principio de este proceso comienza con creer y confesar lo que Dios dice de ti.

Albert Einstein afirmó: "*El hombre es grande cuando está de rodillas ante Dios*". Así que cuando tomas tiempo para hablar con Dios y estudias Su Palabra, podrás recibir una cascada de pensamientos puros y nobles como los siguientes:

"*¡Soy creación de Dios, excelente y buena!*"

"*¡Soy único, irrepetible, genuino y lleno de virtud!*"

"*¡Soy un vencedor porque fui diseñado por el Vencedor!*"

"*¡No vine a este mundo para ser una vergüenza, sino para ser una inspiración!*"

Quizá pienses que repetir frases como estas es irrelevante porque aportan poco al proceso de liberación de toda la basura engañosa que hay en tu mente. No obstante, el poder de la confesión es efectivo cuando se hace con determinación y convicción. Así como cuando nuestra mente fue programada erróneamente a través de frases, por medio de frases será reprogramada. Solo que en este caso se trata de palabras de sabiduría y de dignidad, palabras que edifican y que provienen de la fuente misma de la verdad, es decir, del Creador del universo. Si comienzas hoy mismo a desatar tu mente de esos pensamientos negativos, falsos y destructores y en compensación empiezas a confesar palabras de bendición, de estima y de dignidad, empezarás a sentir que tu mente se aclara, que tus pensamientos fluyen en otra dirección y que tus actitudes se estremecen profundamente.

La confesión eficaz funciona de manera maravillosa, y ha funcionado a lo largo de la vida. No en vano dice la Escritura que de la boca proceden la bendición y la maldición. Por eso, mi invitación es a que comiences ahora mismo a dar esa batalla por tu destino. Comienza a confesar cosas buenas sobre tu vida. Cambia ese lenguaje agrio, intimidador y nocivo por uno que te exalte y te llene de confianza.

Recuerda que somos lo que pensamos, es decir, somos y actuamos de acuerdo con lo que creemos y confesamos. Si realmente quieres ser una persona de visión y éxito en todos tus caminos, debes comenzar a adiestrar tu mente y tu boca para que sean los aliados en tu caminar hacia la victoria. Debes tener un vocabulario de prosperidad, abundancia, de bendición y confianza, del cual se alimente tu corazón diariamente para enfrentar los desafíos y retos que hay en el camino de ascenso hacia la cumbre de tu realización. Dios tiene pensamientos de bien y no de mal para ti (*Jeremías 29:11*), y esa verdad debe ser el combustible motivacional que avive tus pensamientos y te dé una mentalidad de triunfador.

¡Al que cree todo le es posible! *(Marcos 9:23)*

Lucha por ganar estatura

Cuando comprendes quién eres, cuando te aceptas como fuiste creado y te sientes satisfecho internamente al entender que Dios tiene un plan para ti, todo a tu alrededor cambia. La vida adquiere una dimensión diferente, el panorama se aclara y empiezas a ver con mayor certidumbre el horizonte de tu llamado personal. Otra de las experiencias extraordinarias que ocurren en lo personal es que dejas de ser alguien puramente *emocional* para vivir de manera *intencional* la vida que tienes por delante.

El vivir intencionalmente cada proceso implica que todo tu esfuerzo y toda tu motivación gravitarán a favor de los deseos y anhelos de tu alma. También implica que te percibes de manera diferente y asumes tus desafíos de forma más activa.

Es triste, pero una de las razones por las que muchas personas viven estancadas entre el deseo y la frustración es porque sus vidas son un continuo vaivén emocional. Su perspectiva de la vida está enclavada en su pasado, en los logros y en las desavenencias vividas y, por lo tanto, les cuesta trabajo enfocarse en el futuro, porque siempre están pensando en lo que fue y lo que no fue.

El que vive de manera intencional, en cambio, tiene su perspectiva de vida en el futuro, en el porvenir, en las metas por alcanzar. Para él el pasado no es una excusa ni la fuente primaria de su emoción, para él su motivación de vida es la visión que Dios le ha dado, es el propósito que quiere conquistar, y por eso toda su fuerza de voluntad está enfocada de forma intencional en lograr ese objetivo de vida.

El sentimental vive de las glorias y de los fracasos pasados. Su vida siempre está en retrospectiva, y ese enfoque emocional es lo que impide mirar adelante. La mayor inspiración en la vida jamás proviene de las glorias vividas ni de los recuerdos del pasado. Tu verdadera inspiración viene cuando te paras firme y te dices a ti mismo: "*¿Y ahora qué sigue?*". Lo que te hace crecer como persona es entender qué está poniendo Dios en tus manos para realizar, y saber qué pasos debes seguir para lograrlo.

Entonces, el conquistar metas y escalar posiciones de triunfo demandan tu crecimiento personal.

La Escritura narra que *Jesús crecía en sabiduría, gracia y estatura delante de Dios y delante de los hombres (Lucas 2:52)*. ¿Cómo cumplía Jesús Su llamado? ¡Creciendo! No obstante, el crecimiento es una decisión que no nace de la emoción, sino de la intención. Es algo que se entiende y se asume cabalmente como un requisito previo para poder avanzar a la conquista de nuestro destino.

Yo no sé en qué nivel de la vida estás ahora, pero si deseas algo más en tu existencia, debes comenzar por tomar la decisión de crecer personalmente; debes buscar una nueva estatura que te habilite para acceder más diestramente a las alturas de tus sueños y visiones.

Aunque fuimos diseñados para triunfar, el éxito está condicionado al tipo de crecimiento que tengamos. Jesús se esforzaba por crecer en sabiduría, en gracia y en estatura porque Su llamado y Su vocación requerían madurez en todos los niveles.

Del mismo modo, tú debes crecer por la convicción de saber que hay algo más allá esperando por ti; por la motivación de saber que semillas de grandeza corren por todo tu ser esperando ser plantadas en tu área de influencia. Lo que el pasado haya hecho contigo o lo que produzca en tus emociones no es una excusa aceptable para seguir estancado, para vivir en ese nivel primario de superficialidad y conformismo. Debes voltear la página de las glorias pasadas y las frustraciones vividas y decidir comenzar a escribir otro capítulo en tu historia particular.

Recuerda que todo lo que el hombre siembre eso recogerá. Hoy sin duda es tu momento para sembrar en tu crecimiento personal, para plantar nuevas semillas en tu desarrollo individual.

Crecer en sabiduría es una meta impostergable

El término *sabiduría* significa "tener un grado de conocimiento más alto o profundo respecto de algo", y se interpreta como una conducta prudente frente a la vida.

Cuando la Escritura nos llama a crecer en sabiduría, nos está desafiando a crecer en varias dimensiones: en lo interno y en lo externo.

Y hay más: el crecimiento interno debe ser una prioridad para todos aquellos que tienen sueños y visualizan la vida de manera relevante. No puede ser una opción ni un asunto superficial.

El desarrollo integral de los individuos comienza en su mente y en su corazón. Empieza con la manera como se perciben a sí mismos y en las actitudes y el comportamiento que esa autoimagen genera. Cuando sabemos quiénes somos, de dónde venimos, qué nos sustenta, qué valores tenemos y, lo más importante, hacia dónde nos dirigimos en la vida, entonces todo nuestro repertorio de acciones estará determinado por ese conocimiento.

Sabiduría es aceptar que cualquier tarea puede hacerse cada vez mejor; que somos imperfectos, pero perfectibles.

El principio de la sabiduría es el respeto por la autoridad de Dios (Proverbios 1:7a); es entender que no somos "*pequeños dioses*", que somos seres humanos que debemos comprender y aceptar que Dios ha establecido un orden y que cada vez que el ser humano violenta ese orden atrae destrucción, confusión, enfermedad y muertes prematuras. No crecer en sabiduría es prácticamente renunciar a una vida de plenitud para vivir en un estado de mediocridad y estancamiento.

Muchas personas piensan que lo importante es crecer externamente, crecer en todo lo físico a como dé lugar. Sin embargo, no se preocupan por crecer interiormente, por establecer fundamentos para su vida como la base segura de todos sus logros. Después el mismo peso de sus triunfos es la causa de su derrota, pues *un carácter débil jamás podrá resistir el peso del éxito.*

Crecer en sabiduría tiene que ver principalmente con ensanchar los límites del conocimiento personal, pues también debemos llenar la mente con virtud y conocimiento, de tal forma que podamos pulir nuestros talentos y habilidades. Logramos la excelencia cuando nos preocupamos por perfeccionar aquellos dones que nos han sido entregados.

Tal vez pienses: "*Ya estoy muy viejo para estudiar; además, 'loro viejo no aprende a hablar*'". ¡Mentira! ¿Quién dijo eso? Esa es la mentalidad de los fracasados y conformistas. Mientras tengas vida hay esperanza. Mientras tengas ganas habrá oportunidades. Nunca antes el conocimiento estuvo a nuestro alcance tan fácilmente como en esta época. Hoy el conocimiento se nos ofrece prácticamente a manos llenas y no es tan costoso como hace algunos años. Anteriormente el conocimiento era casi exclusivo para unos cuantos privilegiados que tenían la capacidad económica para tener la dicha de poder asistir a las universidades, o contaban con recursos de sobra para comprar enciclopedias y mantener actualizadas sus muy prolíficas bibliotecas. Conocimiento, por tanto, era casi sinónimo de élite o privilegio, un placer para unos pocos y algo distante para la gran mayoría.

Por fortuna los tiempos han cambiado. Los avances tecnológicos nos han acercado a la ciencia y a los diferentes campos del saber de manera inusitada. Hoy prácticamente todo está en la Red, a un clic del mouse podemos acceder a todo, y mejor, a un costo muy bajo. Creo firmemente que esto también es obra de Dios.

El Dueño de la ciencia y la tecnología cada vez pone más conocimiento a nuestro alcance para que no tengamos excusa, para que naveguemos en esos mares ricos y vastos del saber y podamos enriquecer nuestra mente, perfeccionar nuestras habilidades y cumplir nuestro llamado de manera integral y con excelencia.

En resumen, no únicamente debemos crecer en sabiduría para con Dios y los hombres. No solo debemos ser conscientes de los principios espirituales que rigen el universo, este mundo y lo por venir. No solo debemos asegurar el favor de Dios para avanzar a paso firme a la tierra prometida, es decir, a la cima del éxito y la realización.

¡Cuántas historias hemos conocido, por referencia o como testigos directos, de personas que invirtieron todo su caudal de energías y recursos en construir logros externos, pero se despreocuparon totalmente por moldear su carácter, o establecer una ética de vida consecuente, es decir, por ensanchar su mundo interior y fortalecer su alma! ¡Cuántos derrumbes de estrepitosos hemos visto a nuestro alrededor, de personas que aparentemente lo lograron todo—posición, fortuna, admiración—, y sin embargo, de un momento a otro todo aquello que parecía un modelo de triunfo se convirtió en un montón de escombros, en un monumento al caos e indignación! Lo leemos a diario en los periódicos, lo vemos con frecuencia en los medios, lo escuchamos cada vez más en los corrillos sociales, y nos asombramos de cómo lo que parecía ser un modelo de éxito era solo una ilusión, una fantasía.

Crecer en sabiduría, querido lector, es uno de los pilares del éxito. Sin este requisito no se puede construir un verdadero camino a la victoria. Es como tratar de construir un gran edificio sin cimientos. Puedes tener el mejor diseño, los mejores materiales, pero si obvias los soportes, en algún momento toda tu bella construcción se irá al piso; el propio peso de su grandeza la derrumbará.

Pero, ¿cómo crezco en sabiduría?

Primero que todo, entendiendo que la fuente de la sabiduría es Dios. Por lo tanto, debes preocuparte por mantener una genuina relación con Él. La única manera como lograremos que Dios interfiriera en nuestros asuntos, es involucrándonos con Él, es haciendo que todas nuestras decisiones estén sujetas a Él. Progresar en la vida tiene que ver sin duda con Dios, y cuando Él está presente en nuestras decisiones, entonces aseguramos Su agrado, Su respaldo y Su poder.

Crecer en sabiduría significa creer lo que Dios dice, a pesar de las circunstancias. Muchas personas no avanzan en la vida porque andan pendientes de lo que los medios dicen sobre la realidad, porque se nutren motivacionalmente de lo que estos expresan: que la economía anda mal, que el índice de desempleo está por las nubes, que la pobreza cada día aumenta, que la delincuencia cada vez es mayor en fin. Su radar emocional y motivacional está conectado a estos descriptores de la realidad, y por eso tienen la excusa perfecta para nunca emprender nada. "*¿Para qué comienzo un negocio si las condiciones del mercado no son favorables?*", "*¿Para qué estudio si actualmente hay miles de profesionales desarrollando otras actividades diferentes a su profesión?*", "*¿Para qué aspiro a algo si en este país no hay futuro?*", dicen muchos.

¿De dónde provienen este tipo de apreciaciones tan rotundas y negativas? De lo que oyen, ven y leen. Pero no de

Dios. Es cierto que no podemos negar las circunstancias. No debemos vivir en una burbuja de autosugestión diciéndonos que todo está bien, que el mundo es una maravilla y que no pasa nada. No. Sabemos cómo está el mundo y el caos que reina en nuestra sociedad. Lo interesante del asunto es que nosotros estamos llamados a vivir en una realidad superior: *la realidad de Dios.* La descripción de la realidad que debe importarnos es la que Dios hace y no la que los medios transmiten. Por lo tanto, debemos aprender a vivir según la realidad que Dios nos presenta, y no según como los demás la describen. Jesús crecía en sabiduría para con Dios, porque Él siempre prefirió vivir de acuerdo con lo que sabía del Padre. Por eso nunca se detuvo, ni se intimidó, ni renunció al llamado. Sus ojos siempre estuvieron puestos en una realidad suprema y divina. Igualmente tú debes entender y tener el mismo principio de vida. A pesar de que todo a tu alrededor invite a la desesperanza, a la desilusión y a la desconfianza, atrévete a creer lo que el Creador dice de tu realidad personal, y no lo que otros tratan de decirte. Dios ha dicho que *caerán a tu lado mil y diez mil a tu diestra, mas a ti no llegarán.* Él también ha dicho que *aunque andes en valle de sombra de muerte no temerás mal alguno.* ¿Por qué? Porque *su vara y su cayado te infundirán aliento (Salmo 23:4).* Dios desea llevarte a habitar las alturas de la gloria y el éxito; pero para esto debes aprender a confiar en Él. *Si Dios es por nosotros (Romanos 8:31)*, ¿por qué un pequeño problema te desestabiliza y te quita la paz?

¿Cuál es tu mayor influencia? ¿Dios o las circunstancias? La manera como respondas a estas preguntas determinará si eres emocional o intencional. La madurez solo se gana cuando vivimos la vida de una manera intencional, enfrentando las circunstancias con una actitud esforzada y valiente. Una vida emocional no saca lo mejor de nosotros sino que, en cambio, activa nuestros miedos más sentidos, nos hace cobardes y conformistas.

La gracia está en ti

Jesús también crecía en gracia. La gracia no se refiere a ser chistoso, alegre y tener ánimo festivo todo el tiempo. La gracia tiene que ver con el respaldo de Dios.

Uno de los resultados que ocurre cuando dedicamos tiempo a conocer qué tiene Dios para nuestras vidas y cuáles son Sus exigencias para alcanzar la plenitud es que ganamos Su respaldo y Su favor en todo lo que emprendemos. A la mayoría de las personas les gusta que se les desee suerte o se les bendiga cada vez que emprenden algo nuevo, es decir, cuando se arriesgan a hacer algo que nunca han hecho, cuando comienzan un negocio o una relación, cuando emprenden un viaje o inician un proyecto laboral. Sin embargo, ni la suerte ni el favor humano jamás serán comparables con la bendición y el favor de Dios. El favor humano es apenas una fuerza emotiva que emana de la voluntad humana, de la intención de ese corazón para que te vaya bien. La bendición y el favor de Dios, por su parte, no son una fuerza aleatoria ni una fuerza limitada; son nada más y nada menos que todo el poder del Creador del universo fluyendo a tu favor, a través del Espíritu Santo.

¿Te imaginas lo que eso implica?

¿Qué harías si un día cualquiera recibieras una carta de Bill Gates en la cual te dice que puedes contar con su favor y respaldo para hacer lo que quieras? Imagino que entrarías en un estado de euforia total durante el cual sentirías que finalmente estás a punto de lograr tus sueños. Pues déjame decirte que el favor de Bill Gates no es comparable con el favor de Dios. El favor humano siempre será limitado por circunstancias, tiempo y otros factores. Pero el favor de Dios no tiene límites. Dios está por encima de todo y de todos, y ha prometido respaldarte en todo lo que emprendas. Claro está que aunque el favor de Dios es ilimitado, sí existe una condición esencial para que ese favor ilimitado fluya a tu favor: la obediencia.

Sin embargo, no quiero hablar de la obediencia desde una concepción meramente religiosa, o como una actitud fundamental de un rito o doctrina. Hablo de la obediencia como una actitud de integridad que sobrepasa los ritos y las posiciones religiosas.

Cuando eres consecuente con lo que Dios quiere para ti, cuando actúas con diligencia por lo que sueñas y te esfuerzas para lograrlo e incluyes a Dios en el asunto y lo conviertes en el socio tutelar, estás siendo obediente con tu propio llamado y entonces aseguras Su favor y benevolencia.

Alcanza tu verdadera estatura

Jesús también crecía en estatura. La estatura habla de carácter, personalidad y actitud.

Todos hemos venido al mundo con una mina interior que debemos aprender a explotar adecuadamente. Debemos aprender a sacar del buen tesoro de nuestro corazón todo aquello que Dios nos ha dado para construir un futuro digno.

Crecer en carácter es crecer en consciencia sobre lo que somos y lo que seremos. Es establecer un estándar entre lo que se tiene y lo que se quiere, y vivir consecuentemente para lograrlo. Hay millones de personas en el mundo con grandes ideales, con proyectos maravillosos escritos en cuadernos, computadores o bien delineados en su mente. Sueñan y sueñan, pero nunca se atreven a dar el primer paso; no tienen el carácter y la voluntad para arriesgarse. El carácter habla de temple, de dominio propio, de madurez de la voluntad, y es uno de los atributos principales del éxito. Es bien sabido que la gente sin carácter es débil y maleable, fácil de influenciar y manipular, y por ende en ella no se puede confiar.

A veces confundimos el carácter con el mal genio, con la grosería y los malos modales. Cuando vemos a alguien que fácilmente da lugar al enojo o a la intolerancia, solemos decir: "*Esa es una persona de carácter*". ¡No hay tal! No podemos confundir el carácter con las malas maneras, con la acidez de ánimo y el mal genio. Una persona con carácter es aquella que vive y toma decisiones según los principios y valores dados por Dios y no los negocia por conveniencia y pareceres; ni siquiera por las adversidades.

La gente con carácter es luchadora, emprendedora y recursiva. No se estanca ni queda a la deriva esperando un golpe de suerte, es decir, que todo le sea favorable para emprender y concretar. Las personas que tienen carácter sólido son osadas y no temen al riesgo. Siempre sacan lo mejor de sus reservas para crear las condiciones necesarias y desarrollar proyectos. Ese es el tipo de gente que Dios favorece con Su respaldo. A Él le encantan las personas que usan los recursos que tienen en la mano y que no andan esperando una oportunidad para hacer, sino que crean las oportunidades donde otros ven imposibles.

¿Qué tienen en sus manos? (*Marcos 8:5*), preguntó Jesús a Sus discípulos como preámbulo para un gran milagro. Cuando los discípulos respondieron a esa pregunta, Jesús los conectó con una dimensión de abundancia que ellos jamás habían visto ni imaginado. También esos niveles de abundancia y crecimiento están disponibles para ti, si decides aprovechar los recursos que tienes en tu mano.

Si a eso, poco o mucho, que hoy posees le sumas la gracia y el favor de Dios, entonces crearás las condiciones apropiadas para una multiplicación, para un ensanchamiento en tu condición y estatura.

Naturalmente, para llegar a ser una persona de estatura debemos conocernos bien y saber en qué terrenos estamos pisando. Debemos esmerarnos esculcando en lo más profundo de nuestro ser, para descubrir aquellos tesoros escondidos que esperan que los usemos de la forma correcta y en las causas adecuadas. Dios no solo te mandó a este mundo con unos rasgos físicos básicos. También te hizo inteligente, te dio un corazón para experimentar emociones y sentir pasión por el destino que debes conquistar. Con esa pasión también te dio unas habilidades que solo tú posees y que son tu distintivo vital, tus herramientas para construir el éxito y el propósito que sueñas y anhelas.

Pero si desconoces el potencial que hay en ti, ¿cómo podrás lograrlo? El éxito será una noción lejana, una experiencia ajena y una fantasía maravillosa condenada a no trascender más allá de tu mente si no inviertes lo mejor de ti en aprender a conocerte y verte como Dios te ve. Debemos perfeccionar nuestras habilidades y talentos, aprender a gerenciar nuestra vocación y llamado, para que de esa forma seamos cabales y genuinos, aptos para toda buena obra y cumplidores de nuestro destino aquí en la Tierra.

Capítulo 2

UNA VISIÓN CLARA

...y vio de lejos y claramente a todos.
—MARCOS 8:25

EXISTE ALGO PEOR que cualquier vicio conocido, que cualquier enfermedad letal o cualquier otra tragedia humana: *la miopía existencial*, es decir, no tener claro el destino. Sin lugar a dudas, la ceguera existencial—mal demasiado extendido en nuestros días—es peor que la delincuencia, la inmoralidad, el alcoholismo y hasta la drogadicción, porque nos ensombrece totalmente como personas y reduce así nuestra vida a una existencia vaga, sin brillo ni color, ni rasgos definidos.

Cuando una persona no tiene claro hacia dónde debe dirigir su vida, o sea sus dones y motivaciones esenciales, está en las mismas condiciones de un desahuciado: *destinado a la muerte*. No me refiero a la muerte física, sino a la muerte de un ideal, un sueño, una oportunidad y una historia gloriosa aquí en la Tierra.

Una persona en estas condiciones es altamente vulnerable y maleable. Practica cualquier cosa, no tiene valores absolutos para la vida y sus pasos se mueven al vaivén de las circunstancias, porque como dice el refrán: "*Quien no sabe para dónde va, cualquier camino le sirve*".

Lo más triste del asunto es que existen millones y millones de miopes existenciales deambulando por la vida sin saber hacia dónde van ni por qué van. Creo con toda certeza que la mayor pobreza no es carecer de una vivienda digna, de ropa de marca o de alimentos balanceados y vivir en condiciones de extrema necesidad. Creo que la mayor y más terrible pobreza que el ser humano pueda experimentar es carecer de una visión para su vida. La Biblia lo dice contundentemente: *Un pueblo sin visión perece (Proverbios 29:18, Reina-Valera 1909).*

La historia testifica que una sociedad enceguecida pierde el horizonte, se deforma a sí misma y afecta sus próximas generaciones.

En los años sesenta, por ejemplo, apareció el movimiento *hippie*, de paz y amor. Los jóvenes de entonces eran sobrevivientes de la postguerra y habían perdido la confianza en las instituciones y en los gobernantes. Querían manifestar su inconformismo rebelándose contra todo orden moral o social, y una forma de expresarse era convirtiéndose en *hippies*, dejando los estudios y los trabajos para vivir en comunidad, pasando largas jornadas sin bañarse y comiendo lo que hubiera disponible para todos. Para soportar el hambre de varios días empezaron a consumir marihuana y otros alucinógenos. Los estilos de vida se relajaron, como también los estándares morales, y se pasó a un relativismo social y moral en que las diferencias sexuales, por ejemplo, eran establecidas por el gusto particular.

La liberación sexual trajo como consecuencia millones de hijos engendrados dentro de una filosofía de vida llena de anarquismo y banalidad. Estos niños crecieron en una atmósfera de idealismo, carentes de fundamentos sólidos y sin una visión para el futuro, porque lo importante era vivir el presente en armonía y amor. El futuro era incierto, y el presente, lo único certero; por consiguiente, había que vivir el hoy porque el mañana quién sabe. El legado más triste de esos años locos fue toda una generación profundamente emocional, capaz de tolerar cualquier cosa, abierta a cualquier nueva filosofía, moda o tendencia, pero muy miope y pesimista en cuanto al futuro. Una generación de motivaciones cortas y miedos infinitos.

Por eso no es de extrañar la pregunta que hizo cierto profesor de desarrollo humano a sus estudiantes durante una exposición sobre los años locos: "¿Dónde están los Albert Einstein de esta generación, los García Márquez, los Picasso y los Francis Collins?".

A los visionarios de otras épocas no les sorprende tanto que a la generación que nació a partir de los sesenta se le considere una de las más pobres de la historia. Y creo que no les falta razón a quienes así piensan, aunque pudiera resultar controvertible y hasta cierto punto pretenciosa semejante aseveración.

El mismo profesor arriba mencionado les contaba a sus estudiantes cómo antes de los años locos era natural que un chico de quince o dieciséis años ya supiera qué sería en su vida, ya sabía cuál era su vocación y llamado en la vida, y sus acciones eran consecuentes con ese propósito.

En contraste, hoy tenemos jóvenes de veinticinco y treinta años todavía viviendo bajo el amparo de papá y mamá y haciéndose las preguntas que ya tendría que haberse respondido durante la adolescencia: "¿Quién soy yo? ¿Qué quiero y hacia dónde debo dirigir mi vida?".

¿Cuántos jóvenes en esta situación conocemos? Jóvenes que no saben qué hacer con su tiempo, ni con sus vidas, ni con sus energías. ¿Cuántos padres desesperados habrá sin saber qué hacer para que el niño de treinta años salga de la casa a cumplir su destino? Peor que cualquier vicio o cualquier mal social es no saber para qué fuimos llamados, para qué estamos en esta Tierra, y no tener una visión clara para el futuro.

Una persona sin visión para la vida es ciega del alma y del espíritu. Le da lo mismo la noche que el día, y no sabe si va o viene. Está desorientada.

La visión dignifica

Dios creó al ser humano a Su imagen y semejanza. Y al hacernos de esa forma nos dio una dignidad que solo poseemos nosotros. Él puso atributos en el hombre que ninguna otra especie creada tiene, para subrayar que somos la joya de Su Creación. Dios nos creó con excelencia y con un propósito. No nos puso en la Tierra como un experimento o por un error de procedimiento. ¡No! Somos el resultado de la mente de Dios. Él nos pensó y luego nos formó del barro del huerto. Después sopló sobre Su Creación aliento de vida, dándole así una dignidad exclusiva y unos atributos únicos.

La imagen y semejanza del Creador está en cada uno de nosotros como distintivo vital, como rasgo único. Este hecho debe ser suficiente para que comprendamos que Dios nos hizo con un estándar superior de vida, y por lo tanto no podemos vivir por debajo de ese nivel.

Todo cuanto tú necesitas para triunfar ya está depositado en tus genes. No tienes que buscarlo en ninguna otra parte diferente de ti mismo. Muchas personas sienten que han venido incompletas a este mundo, que fueron puestas en el tiempo incorrecto, en la familia incorrecta y en condiciones de vida desfavorables para su desarrollo. Pero eso es una mentira. Dios te puso donde debía ponerte y con las condiciones que necesitabas para florecer.

Todo cuanto tienes que entender es que tu dignidad no es algo que encuentras en factores y condiciones externas a tu propia realidad. Tu dignidad no la determina tu raza, tu color de ojos, tu fisonomía, tu condición social o tus atributos intelectuales superiores. Tu dignidad consiste en que fuiste creado por Dios con excelencia y para un fin maravilloso. La visión para la vida comienza realmente cuando comprendemos esta verdad, cuando sabemos que fuimos hechos por el Creador del universo y lo asumimos como un hecho trascendental, sin duda, sin objeciones; no como un credo de fe irrelevante, que se cree o se confiesa los domingos, sino como un acto de conciencia relevante que está presente en cada segundo de vida. Entonces solo así hemos ganado la primera batalla contra la mediocridad existencial. Alguien que tiene claro su origen de grandeza no someterá su dignidad por cualquier circunstancia. Vivirá un estilo de vida que represente esa dignidad y no se conformará con menos.

Saber que Dios te creó con excelencia de propósito ayuda a mantener tu autoestima sana y libre de deformaciones, pero no es suficiente. No basta saber de dónde vienes, ni cuál es tu origen. Es necesario saber también para qué fuiste creado.

La dignidad de algo está ligada a su utilidad y propósito. Por ejemplo, cuando vas al almacén encuentras sinnúmero de utensilios maravillosos para el hogar. Artefactos con una manufactura excelente, acabados artesanales únicos y unos diseños que cautivan a simple vista. Sin embargo, conocer esos atributos no los hace lo suficientemente dignos para que los compres. Tú no compras algo simplemente porque esté bien hecho, con los mejores materiales y tenga el sello de la mejor manufactura. ¿Cuál es el hecho determinante que seduce tu voluntad para adquirir algo en medio de tanta oferta y variedad? Su *utilidad* y *funcionalidad* en casa. Cuando ves que ese elemento, además de estar bien hecho, bien diseñado y a buen precio, es altamente útil en tu casa, entonces piensas que debes comprarlo, que ese objeto es digno de ocupar un lugar en tu hogar, porque va a cumplir una función y va a tener un propósito en determinado espacio.

La *dignidad*—'repito entonces—' está ligada a la *funcionalidad de propósito*, tanto como está ligada a su diseño y su origen. ¿Qué ocurre con aquellos artefactos o elementos que ya no cumplen una función apropiada en tu hogar? Encuentras que ya no son dignos de ocupar ese espacio y entonces decides salir de ellos. Los regalas, los vendes o simplemente los archivas en el "cuarto de San Alejo" por si acaso en algún momento les encuentras una utilidad extra.

Espero que este símil te ayude a comprender de qué se trata la dignidad humana. No eres digno sólo porque llevas sobre ti la mejor manufactura y el mejor diseño—'el de la mente y las manos de Dios—', sino porque, además, fuiste hecho altamente útil para un propósito y una función estelar aquí en la Tierra. Cuando Dios te concibió y te puso en los brazos de papá y mamá, lo hizo porque pensó que podrías ser altamente útil y por consiguiente eras digno de ocupar un sitio de honor en este mundo y en este tiempo.

Por aquí debe comenzar tu visión: entendiendo que no eres un error de procedimiento, ni el resultado de un accidente de papá y mamá. ¡No! Tú estás aquí porque Dios te planeó conscientemente para que ocuparas un sitio de honor y cumplieras un encargo supremo. Esto tampoco es un dogma ni una religión. Es simplemente la verdad que debe sustentar tu corazón. Navegar por fuera de esta verdad es sentenciar tu dignidad, poner tu autoestima en la ruleta rusa de la incertidumbre existencial y jugar a ser forjador de tu propio destino en un mundo de sombras y tinieblas.

La visión nos dignifica porque provee un sustento espiritual, porque nos da un patrón sobre el cual podemos caminar seguros. Sin ese sustento y esos patrones confiables somos simplemente ciegos o miopes existenciales. Como el ciego de Betsaida, que estaba condenado a un mundo de oscuridad donde la vida para él era apenas un murmullo, un sonido, una especulación. No obstante, aunque este hombre era ciego, no era sordo ni mudo, y una vez escuchó que Jesús pasaba por ahí, usó lo que tenía para pedir un milagro, usó su voz para clamar a Jesús por su restauración. Y así ocurrió. Jesús puso Sus manos sobre él y lo sanó. Por fin el hombre vio de lejos y claramente a todos. Sus ojos vieron por primera vez el horizonte y la realidad se esclareció ante su rostro. Y estoy seguro de que con esta claridad no solo aparecieron el brillo y el color en su vida; también se aclararon su dignidad y su destino.

Quiero hacerte una invitación. Quizá te sientas como este ciego: vas dando tumbos por la vida, sin saber a dónde ir y sin poder ver con claridad cuál es el propósito de tu existencia. Pero deja ya los conformismos y busca tu origen, ve a la fuente de tu diseño y tu destino y pide por un milagro. No busques en fuentes extrañas una visión para tu vida. Ellas apenas te pueden ofrecer una visión falseada de la realidad, una aproximación, pero no te darán respuestas exactas para tus necesidades de dirección. Solo el Creador del universo, tu diseñador y consumador, puede darte una visión confiable sobre tu vida y tu llamado. Solo Él puede habilitarte los ojos para que veas los sueños y propósitos que desde la fundación del mundo Él concibió para ti. Si te atreves a hacerlo, cambiará tu realidad y una nueva claridad aparecerá en tus ojos para que veas lo que antes estuvo cubierto de incertidumbre, duda y confusión.

El profeta Joel escribe acerca de lo que recibimos del Espíritu Santo cuando venimos a Él: sueños y visiones, desde el más joven hasta el más anciano *(Joel 2:28)*.

La visión determina tus pasiones

Cuando corremos el velo de los ojos y vemos con claridad la realidad que Dios ha puesto frente a nosotros, ocurren cambios asombrosos. Cuando tenemos una visión clara en la vida, entramos en una dimensión que desconocíamos. Quizá antes vivíamos estresados, afanados y de mal humor porque todo nos parecía muy difícil, no confiábamos en nosotros mismos y menos en los demás, y eso creaba tensión en nuestras relaciones. Nos invadían sentimientos de frustración y envidia con una facilidad pasmosa, y la vida en sí misma nos resultaba bastante compleja de asumir. Es cierto que la vida es compleja, que a veces es difícil tratar con las personas que trabajamos, estudiamos o convivimos, y que a veces resulta inevitable no experimentar angustia, desconfianza, envidia y frustración por las circunstancias a nuestro alrededor; pero algo que ocurre cuando tenemos una visión clara en la vida, es que todas esas energías que anteriormente usábamos para cultivar todo tipo de sentimientos encontrados, ahora las usaremos para cuidar, estimular y proyectar nuestra visión.

El tiempo que anteriormente usábamos para cazar rencillas o cultivar emociones dañinas, ahora encontrará una utilidad mayor en la búsqueda de estrategias para sacar adelante los sueños y anhelos que arden en el corazón.

Estoy convencido de que la causa por la cual mucha gente anda llena de frustración, celos, contiendas, envidias e inmersa en todo tipo de relaciones inconvenientes, es porque no sabe cómo invertir el tiempo que tiene. Y esto secede porque carece de una visión que le defina cómo hacerlo y cómo encauzar todo ese caudal de emociones que carga por dentro.

La gente con visión está tan ocupada en sacar adelante sus proyectos que no le queda tiempo para estar cultivando malos deseos ni vanas justificaciones que luego le harán sentirse mal consigo misma y con el resto del mundo. La visión simplemente la absorbe y la enfoca en pro del destino que quiere cultivar, porque su único interés no es quejarse de lo que pasa afuera, ni con el vecino ni con el compañero de trabajo; su máxima prioridad es avanzar en la consecución de los logros que se ha propuesto a causa de la visión.

La visión lo altera y consume todo. Nuestras prioridades de vida cambian y también la manera como nos relacionamos con Dios, con nosotros mismos y con los demás.

¿Qué hace la visión en nosotros?

Nos da perseverancia para vivir como Dios quiere

Cuando asumimos la visión de manera correcta, nos alineamos con la voluntad de Dios, de tal forma que solo concebimos la realidad posible dentro de Su plan.

El primer tipo de pasión que destila la visión es una pasión genuina por Dios y por el destino que nos ha entregado. Nuestra prioridad no es vivir ni ejercer ningún tipo de liderazgo con el afán de que la gente nos crea. Muchas personas creen que para que su visión alce vuelo necesitan la aprobación de otras personas. Si la gente les da la bendición y las aprueba, entonces se sienten con las fuerzas suficientes para continuar; pero si no encuentran el favor de la gente, se retraen y se bloquean.

Lo más nocivo en la vida de cualquier soñador o visionario, es someterse a la intención o al favor de la gente. Una visión que depende exclusivamente de la gracia y el favor de Dios se desarrollará sin prejuicios y no dependerá del respeto o la credibilidad de los demás. Así que la primera motivación que la visión debe producir en ti es la intención de alcanzar el favor de Dios y no el de las personas. Si vives en esa dimensión de gratificación, nada te impedirá avanzar hacia la cima de tu realización. Cuando fluyes con la bendición del Creador, nada te detendrá ni intimidará. Ni la envidia más resuelta, ni el desprecio más terrible. Tu enfoque estará seguro en Dios. Eso no quiere decir que te conviertas en un ser místico que ni oye ni ve ni entiende. No. La gente que agrada a Dios jamás pierde el espíritu de humildad ni el espíritu enseñable. Caminar en la voluntad de Dios no nos hace inmunes a cometer errores o a hacer torpezas. Lo importante es que aun en esas circunstancias Dios pone a nuestro alrededor gente llena de sabiduría para que nos aconseje y nos aliente.

Lo que debemos hacer es discernir cuándo necesitamos escuchar a las personas y hacerlo con ánimo humilde y con espíritu manso. La soberbia jamás será un buen aliado de la visión, y Dios mismo afirma que Él mira de lejos a los altivos *(Salmo 138:6)*. La autosuficiencia no es una opción para crecer y avanzar, porque no es en nuestras fuerzas que lo logramos, sino en las de Aquél que ha dicho *"No temas, que yo soy tu Dios que te esfuerzo" (Isaías 41:10)*.

Nos hace valorar nuestro llamado

El segundo tipo de pasión que destila la visión es una pasión desbordante por lo que Dios nos ha entregado. Cuando comprendemos plenamente que tener una visión por qué luchar no es cuestión de suerte, azar o casualidad, sino que es producto de la gracia y la bondad de Dios para nuestra vida, que es un privilegio que recibimos del cielo mismo, entonces nuestra actitud hacia esa visión será de gratitud y valoración.

El valor que les damos a las cosas está ligado tanto a su precio emocional o físico, como al Dador mismo. Valoramos el regalo que nos da un ser querido por el afecto que esto incluye y por los sentimientos que despierta en nuestra vida.

Si una persona que admiramos demasiado nos obsequia algo, lo conservamos como un tesoro, no por lo que vale sino por su origen, porque al conservar ese objeto dado sentimos que estamos conservando parte de la esencia misma de la persona que nos lo dio.

Dios es el Creador de todo lo visible y lo invisible. Es la grandeza absoluta y el ser más digno de confianza sobre todo el universo. Y ese Dios, de esas dimensiones, te ha favorecido no solo con una vida digna y maravillosa, sino además, con una visión y un destino exclusivos para tu vida.

¿No te parece asombroso?

Tu llamado y tu destino no lo has recibido de cualquier persona. No es el presidente de tu país o el alcalde de tu ciudad quien te otorgó tremendo privilegio. Ni siquiera tus padres o los seres más cercanos a tus afectos. Fue Dios mismo quien te dio ese honor y ese privilegio, y de ninguna manera lo puedes pasar por alto.

Alguien que entiende ese don maravilloso no se la pasa

en un estado de quietud, pasividad y desamparo, como si nada ocurriera en su vida. Las personas que son conscientes de lo que Dios les ha otorgado viven agradecidas, habitan en una atmósfera de gratitud, de complacencia y no son aburridas ni malhumoradas. Ellas saben que tienen demasiados motivos para mantener el espíritu en alto y una alabanza en los labios.

Creo fielmente que una de las señales de la verdadera espiritualidad es la gratitud. Los grandes hombres de Dios son agradecidos; dan gracias a Dios y a quienes les rodean por lo que tienen y por lo que tendrán, aunque sea solo un proyecto. En contraste, la ingratitud y la queja son las grietas enormes de un alma vacía espiritualmente.

La gente agradecida con su llamado no perjura ni anda de queja en queja. Su rostro siempre resplandece de alegría. Su lenguaje expresa esa gratitud en bienaventuranzas y en palabras de ánimo y de integridad. La gente que valora su llamado no solo habla en términos positivos de lo que tiene; también actúa en esos mismos términos. Una manera de expresar valor y gratitud por el llamado o por la visión es hacer lo que dijimos en el capítulo anterior: *agregar conocimiento a la virtud (2 Pedro 1:5).* Debemos renovarnos y actualizarnos día a día, enriquecernos en todas las áreas para cumplir nuestro llamado con un sentido de excelencia y fidelidad. Renueva tu actitud y la manera de asumir las actividades y verás cómo encuentras una unción fresca y renovada para hacerlas. La visión no es una virtud estática y monolítica que se ciñe a un patrón único. No. La visión es como un crisol multicolor que, dependiendo por dónde se aborde, adquiere otra dimensión y otra textura. Expresamos gratitud y valor con el llamado cuando lo exploramos y asumimos de manera creativa.

No sé cuán consecuente eres con respecto a lo que Dios ha puesto en tus manos. Pero lo que sí sé es que las actitudes que esboces y las palabras que profieras expresarán el tipo de consciencia que tienes. Por consiguiente, te invito a que reflexiones y pienses en qué te ha entregado Dios, qué tipo de sueños navegan en el interior de tu mente y tu alma, porque son regalos del Creador para ti, por causa de tu dignidad y grandeza.

Cada vez que seas más consciente de ese llamado, da gracias al Creador por el favor recibido. No permitas que la maldad y las circunstancias temporales de la vida opaquen ese regalo maravilloso. Habla con honor y altura de tus sueños y tus propósitos. Cuando honras lo que tienes y hablas confiadamente del fin que te espera, estás honrando a Dios y asegurando una dosis mayor de autoridad y gracia para la próxima jornada.

Nos hace disfrutar lo que somos y lo que hacemos

¿Disfrutas lo que haces y por ser como eres?

Otra forma de expresar pasión es deleitándonos en lo que somos y lo que hacemos. Cuando disfrutamos lo que somos y lo que hacemos, los problemas y las dificultades de la vida no son para nosotros gigantes invencibles que vienen para aplastarnos y derrotarnos. Una persona que se disfruta a sí misma como persona y disfruta lo que hace con entusiasmo, sencillamente es triunfadora.

A veces catalogamos el triunfo como una hazaña que se ha conquistado, como un logro al que se ha escalado, y no comprendemos que el triunfo no se limita a llegar a una meta o cumplir un desafío. El triunfo verdadero comienza cuando aprendemos a deleitarnos como somos, cuando nos aceptamos no a regañadientes sino con la convicción de que somos quienes debemos ser, con los atributos y las condiciones para generar un estilo de vida relevante y poderoso.

Alguien que es capaz de verse con los ojos de Dios, que se acepta como tal y que además de ello disfruta ser lo que es y lo que está llamado a ser, ya es un triunfador porque ha triunfado contra uno de los males más sentidos de nuestra sociedad actual: los *complejos* y el *rechazo*.

No hace falta ser un erudito o un pensador consumado para entender que los principales obstáculos en el camino que lleva al éxito son los complejos y el rechazo. Es decir, cuando alguien vive inconforme con lo que es y se acompleja con los falsos ideales programados en su mente y sus creencias, cuando no se acepta a sí mismo y siempre va en busca de una vía de escape que lo proyecte en una realidad distinta a la que vive, malgasta todas sus energías y capacidades en el propósito de negar o intentar "remediar" su presente engañoso, en vez de utilizarlas para construir su futuro.

No importa si eres gordito o flaquito, blanquito o negrito; Dios te ama por igual y tiene un destino digno para ti. Nuestra autoestima no debe depender de la apariencia exterior sino de nuestras fortalezas internas, de la grandeza que nos habita y nos confiere una posición de privilegio aquí en la Tierra.

Disfrutar significa ser agradecido con lo que tengo y no andar quejándome por lo que no tengo; significa ser auténtico y singular en acciones y motivaciones. Si colocas a un acomplejado y a una persona agradecida frente a un vaso a medio llenar, ambos tendrán puntos de vista diferentes. Mientras el acomplejado y quejumbroso verá el vaso medio vacío, el auténtico y agradecido verá el vaso medio lleno.

¡Esa es la actitud que crea campeones!

Capítulo 3

ACTITUDES PARA CONQUISTAR UN MEJOR NIVEL DE VIDA

Solamente esfuérzate y sé muy valiente.
—JOSUÉ 1:7

AMIGO LECTOR, DIOS quiere que tengas un mejor nivel de vida. Ese ha sido y será siempre Su deseo: "*que Sus hijos amados estén cada vez mejor*". Dios quería que el pueblo de Israel tuviera un nivel de vida superior cuando lo sacó de Egipto, pero, en contraste, el pueblo se encontró con un angustiante desierto. Y no permaneció allí algunos días sino cuarenta años. ¿Por qué si era Su pueblo? Por causa de su mala actitud.

La mala actitud es una condición del corazón ingrato, desleal y egoísta, la cual envilece la conducta humana, amarga sus emociones y envenena su boca para hablar mentiras y maldiciones. La causa por la cual el pueblo de Israel no estuvo en las condiciones aptas para recibir la Tierra Prometida fue que su actitud como pueblo no era compatible con los ideales y sueños del corazón de su Creador.

Cuando tus actitudes y acciones están desalineadas con el propósito de Dios para tu vida, no encontrarás el camino de ascenso que conduce a la tierra de provisión y plenitud que Dios ha diseñado para ti. No es porque Dios quiera retardar Su promesa, o alargar tu tiempo de gloria y conquista, o porque Él esté dudando en cuanto a lo que quiere entregarte. No. Dios siempre quiere lo mejor para Sus hijos. Él sueña con nuestro bienestar y se complace cuando piensa en el futuro que nos aguarda. Pero Dios también es prudente y responsable, y sabe que mientras nuestro ser interior no madure y asimile las actitudes correctas no estaremos habilitados para acceder a un nivel de vida superior.

La mejor manera de conocer a una persona es escuchándola, pues lo que hablamos expresa lo que somos, lo que sentimos, lo que creemos y lo que anhelamos. Describir la realidad dolorosa es una cuestión de lenguaje y palabras, pero la actitud frente a esas situaciones es una cuestión del corazón, y es ahí donde se nos enreda la historia.

Puedo decir: "*Las cosas no están realmente bien en mi vida, los negocios han menguado un poco, mi salud no está en su mejor momento, y la familia, pues, anda en ciertos desafueros temporales, pero sé que Dios es más grande que todas esas realidades temporales, porque sé que el Sustentador de mi vida no me dejará ni me desamparará*".

¡Esa es la gran diferencia!

Tener la actitud correcta no es negar la realidad, o cubrirla con una falsa paz. De ninguna manera. La actitud correcta es someter mis emociones y mis convicciones a una *realidad que supera* la que estoy viviendo. La razón por la cual muchas personas entran en un *shock* emocional que les desestabiliza la vida en todas las formas, es porque sus actitudes dependen del vaivén de las circunstancias. Sus emociones son como un radar que anda buscando señales en la atmósfera para determinar qué sentir y qué no. Y cuando el panorama se enturbia, entonces el radar capta esa señal y manda sentimientos de inseguridad y desconfianza al corazón y empezamos a proferir palabras de intimidación y desconfianza, a quejarnos de la suerte y a vivir en amargura.

Tu actitud revela en qué crees

La manera como te expresas de las circunstancias que te rodean no solo describe una situación, realidad o condición; habla también de lo que crees. La actitud que asumes frente a tus problemas o desavenencias temporales es finalmente una proyección de tu actitud hacia Dios.

Cuando hablas de tus dificultades en términos de derrota, miedo, desilusión, frustración y desesperanza, estás reconociendo cuáles son los valores fundamentales que te sustentan, estás revelando dónde está anclada tu alma.

Cada vez que hablamos un lenguaje derrotista y nos enfrascamos en una diatriba infantil de conmiseración en que nos presentamos como una víctima sin esperanza y abandonada a nuestra propia suerte, estamos dejando de manifiesto quién es el dios que nos sustenta y cuál es el dios en que confiamos realmente.

¡Qué fácil es decir que creemos en el Dios creador del universo y jurarle lealtad cuando el panorama personal aparece despejado y el sol de la bendición nos alumbra desde todos los ángulos! Pero también ¡qué fácil resulta comprobar si esa confesión es el fruto de la convicción o es producto de una sugestión cuando el sol de la bendición se cubre de negros nubarrones! ¡Qué fácil es creer en Dios con las palabras y negarlo con los hechos! Si tenemos o no la actitud que nos lleva a vivir en un nivel superior, es evidente en la forma como nos expresamos durante los periodos de dificultades. Cuando describes tus situaciones infortunadas, te estás describiendo a ti mismo. Estás diciendo: "*Mírenme, este es mi verdadero yo; en esto creo, en esto confío y a esto le temo*".

La razón por la cual Dios permite las dificultades en nuestras vidas no es para amargarnos el rato, ni porque se haya desentendido de nosotros, o porque quiera retrasarnos el destino que ha jurado nos entregará como herencia y provisión. Dios permite los desiertos en nuestra vida para comprobar los cimientos de nuestro corazón, para confirmar cuál es la fuente de nuestra confianza. El Padre celestial no se fía tanto de lo que dicen Sus hijos sino de lo que ve en ellos. Y cuando Él se ve y se siente reflejado en nuestras actitudes, se complace y se alegra, y por consiguiente nos corona de una gracia mayor para conquistar la tierra de bendición que juró nos daría. Mientras no comprendas este principio elemental tu vida estará girando indefinidamente en el desierto de tus circunstancias. Por eso debes aprender a usar tu boca como una aliada en tu conquista del éxito y no como una enemiga de tu destino.

La Escritura habla de la lengua en términos muy rotundos. La describe como *un miembro pequeño, pero que se jacta de grandes cosas.* La presenta como *un pequeño fuego que es capaz de encender un bosque completo. Ella es capaz de bendecir, pero igualmente es capaz de maldecir. Es capaz de alabar y también de condenar.* También dice la Biblia que *quien es capaz de refrenarla es una persona perfecta, capaz de dominarse a sí misma (Santiago 3:5-9).* En consecuencia, tu lengua puede impulsarte o echar a perder tu destino y tu futuro. No importa cuán grandes sean tus anhelos y esperanzas, ni cuántos dones tengas para cumplir el propósito de Dios; si no aprendes a convertir tu lengua en tu aliada más importante, perderás la oportunidad de una vida plena y digna.

Habla siempre en términos de confianza y no de derrota. Lee en voz alta todas las Escrituras que hablan de la bendición y las promesas de Dios para tu vida, tu familia, tu ministerio; confiésalas con convicción y actitud devota. Nunca hables de cómo te sientes sino de cómo te sentirás; asume una actitud profética frente a tu propia condición. Háblales a los problemas con autoridad confesando la verdad de Dios sobre ellos. Recuerda que un triunfador tiene un lema de vida:

Todo es posible para mí. Fui creado para grandes objetivos y llamo las cosas que no son como si fuesen.

Vives lo que hablas. El justo por la fe vivirá, dice la Biblia, porque es la forma como Dios concibe la realidad que nos lleva a la tierra de bendición.

El pueblo de Israel vivió lo que confesó. Mientras el pueblo murmuró, se quejó y asumió una actitud de derrota e ingratitud, permaneció en el desierto. ¿La razón? Porque vives lo que hablas. Ese es un principio espiritual que no podemos obviar ni pasar por alto.

A veces creemos que podemos decir lo que queramos y expresarnos de la manera en que se nos antoje y que eso no traerá ninguna consecuencia. Pero ¡qué equivocados estamos! Las palabras tienen consecuencias, y a veces, efectos irremediables.

¡Qué tremendo! Las palabras crean o destruyen. Dios creó el universo, el mundo y todo lo visible a partir de la palabra, y bendijo Su creación con palabras de honra y gloria. Lo interesante del asunto es que tú y yo fuimos creados por Él, a Su imagen y semejanza, y nos dio el maravilloso don del lenguaje y la palabra no únicamente para que aprendiéramos a relacionarnos con Él sino también para que construyéramos nuestro destino a partir de las palabras. Todo lo que Dios piensa del ser humano y todo lo que tiene para nosotros lo registró con palabras en las Escrituras para que tuviéramos conciencia permanente de lo que somos en Él y lo que representamos para Sí.

Proverbios dice que *en la multitud de palabras hay necedad y en los labios del prudente hay sabiduría (Proverbios 10:13)*. Por eso es necesario aprender a usar las palabras de manera adecuada. Mientras no aprendas a usar palabras de victoria en tu vida ni a hablar en el lenguaje de Dios, tu vida estará gravitando torpemente en todo tipo de desiertos. Vivirás lo que confieses y proclames. Si quieres vivir en abundancia y plenitud, comienza por transformar tus palabras en un lenguaje que exprese esa realidad. Confiesa que eres un hijo de Dios y por lo tanto Sus bendiciones te pertenecen. Con profunda convicción declara los anhelos y sueños que hay en tu corazón, y hazlo con tono firme y con vehemencia.

Cada vez que alguien te pregunte cómo estás respóndele: "*Bien y mejorando*". No importa que los demás te vean como un arrogante y "convencido"; tú simplemente estás haciendo algo bíblico: declarando la verdad de Dios sobre tu vida. Él ha dicho que nos lleva *de victoria en victoria*, y nosotros sencillamente lo declaramos cada vez que tenemos la ocasión.

Ni tú ni yo fuimos llamados a vivir por la ley de Murphy, es decir, que "todo lo que está mal es susceptible de que empeore". Nosotros vivimos por una ley mayor y más confiable, la que dice: "*Para el que cree todo le es posible*" *(Marcos 9:23)*, y que añade, además, que "*fuimos llamados a ser cabeza y no cola*" *(Deuteronomio 28:13)*.

Fuiste llamado a una dimensión superior, y tu actitud diaria debe reflejar esa condición. La primera generación de israelitas no fue capaz de ver con sus ojos la realidad de la tierra prometida porque no quiso revertir su mala actitud. La queja, la ingratitud, la incredulidad y la murmuración los acompañaron hasta la tumba a pesar de que vieron y constataron de una y mil formas la benevolencia y el favor de Dios. Él les dio agua de la roca y ellos reaccionaron quejándose. Dios les dio maná del cielo y ellos respondieron con ingratitud. El Señor los acompañó de día y de noche y ellos respondieron con incredulidad. Su mala actitud fue su principal enemigo. No fue el desierto la causa de su derrota; fue la actitud de su corazón la que sentenció su destino. En otras palabras, los enemigos de tus sueños no son las circunstancias o problemas que vives ahora o que vivirás. No debes buscar en ellos la explicación a tu falta de progreso. La explicación posiblemente está dentro de tu propio corazón, en las actitudes con las que asumes esas dificultades temporales.

Es cierto que no es fácil confiar y mantener firme el corazón cuando todo parece muy difícil ante nosotros, cuando la economía no da síntomas de mejoría, cuando el caos parece campear en todas las esferas de la sociedad y el pesimismo se convierte casi en una filosofía de vida a través de la cual muchos interpretan su realidad personal. No es fácil lidiar con los sentimientos derrotistas que pululan por doquier. Sin embargo, eres diferente, y has sido llamado a vivir en una dimensión diferente a la realidad: una dimensión de fe y esperanza en la que todo es posible para ti, porque ya Dios te ha provisto todo.

Es curioso que cuando la segunda generación de israelitas se aprestaba a cruzar por fin los bordes mismos de la tierra prometida, Dios llamó a Josué para hablar con él y santificar el pueblo. Después, cuando iban a conquistar la primera ciudad, les dio instrucciones sobre cómo debía desarrollarse la estrategia conquistadora. Dios, por medio de Josué, le ordenó al pueblo hacer silencio. Si querían conquistar la ciudad que tenían enfrente, debían cerrar la boca durante siete días. No debían murmurar palabra, especular ni expresar opinión alguna. ¿Por qué debían quedarse callados? La generación anterior no conquistó la tierra prometida porque vivía murmurando, quejándose y diciendo que prefería regresar a Egipto a seguir siendo esclavos que ser dueños de una tierra incierta. Dios no quería que a esta generación le pasara lo mismo, y como una forma de protegerla le ordenó callarse.

El mismo Dios era tan consciente del poder de las palabras que prefirió que el pueblo hiciera silencio por un tiempo antes que perdiera otra oportunidad.

No sé cuántas oportunidades has perdido por causa de tu boca y de tu mala actitud. Pero lo cierto es que de ahora en adelante deberás aprender a hacer buen uso de tus labios si realmente quieres avanzar hacia tu verdadero nivel de vida. Si las circunstancias a tu alrededor son intimidantes y te causan confusión, esfuérzate y sé valiente, y no dejes que tu boca se llene de terror. Sigue pronunciando palabras de éxito y bienaventuranza. Recuerda que tu favor y tu gracia no provienen de las circunstancias ni de las ambivalencias de estos tiempos difíciles. Tu favor proviene de Dios tu creador, y esa verdad debe ser suficiente para mantener tu espíritu en alto y tus labios prestos a declarar gratitud y bendición.

Cuando el pueblo de Israel volvió a abrir la boca fue para hablar de conquista y victoria sobre sus enemigos. En ese contexto y con una nueva actitud Dios le dijo a Josué: *"Solamente esfuérzate y sé muy valiente" (Josué 1:7).* De igual manera Dios te invita a que te esfuerces y seas valiente en medio de tanto pesimismo existencial. Mantén tu boca y tu lengua lejos del lenguaje derrotista; mantén la actitud firme en la victoria, y la convicción de que delante de ti está la tierra esperándote, y *con seguridad lo verás, no tardará.*

Los humildes de corazón serán prosperados

Una persona con visión y propósitos definidos en su vida no solo se preocupa por llenar su mente de conocimientos, estrategias y formas de alcanzar las metas que se ha propuesto. La gente exitosa no se preocupa únicamente por ser disciplinada en cada uno de sus asuntos, sino que también se esfuerza por mantener su corazón libre de la soberbia.

Una de las cosas más difíciles de hacer cuando el éxito nos sonríe, es conservar una actitud de humildad y el ego bajo control. Es fácil caer en la arrogancia y autosuficiencia cuando empezamos a experimentar progreso y desarrollo en cada proyecto que emprendemos. Es fácil empezar a mirar por encima del hombro a los demás cuando sentimos que nuestro ser se eleva a un nuevo nivel de vida. Pero, ¡cuidado! Si tu ego se eleva y se infla a medida que prosperas y asciendes a nuevas dimensiones de bendición, entonces algo está mal, y como posiblemente has permitido que tu ego hinchado tome el control de algunas áreas de tu vida, necesitas hacer un examen profundo y reconsiderar los motivos de tu corazón.

Proverbios 22:4–5a dice: *"Riqueza, honra y vida son la*

remuneración de la humildad, pero espinas y trampas hay en la senda de los impíos.

El ego inflamado nos lleva a tener actitudes impías, es decir, no piadosas, ni compasivas, y según el proverbio mencionado, esas actitudes egocéntricas se pueden convertir en una trampa espinosa en el camino del éxito. Debemos ser bien serios en este asunto para no caer en estas trampas del corazón.

Lo que eres, lo que tienes y el destino que te aguarda son tuyos no porque eres demasiado bueno, apto o tienes una dignidad superior y por ende mereces más que los demás. Lo que tienes, lo tienes por la gracia de Dios; lo que eres, lo eres por el favor de tu Padre celestial. No es por causa de ti mismo que eres lo que eres y tienes lo que tienes, sino por causa de ese Alguien maravilloso que habita sobre todo y que se ha complacido en privilegiarte con Sus bendiciones.

Cuando permitimos que el ego se inflame y empezamos a perder la humildad, es porque ya hace rato extraviamos la brújula que dirigía nuestros pasos. Es porque hemos dejado de ver a Dios como la fuente de todo, para confiar en las intenciones de nuestro propio corazón.

Las peores trampas que existen en nuestro camino de soñadores o visionarios no son las que nos ponen nuestros enemigos, ni aquellas que creemos ver en las circunstancias, en los problemas, en los ambientes difíciles. Las peores y verdaderas trampas están dentro de nosotros, en el corazón, cuando permitimos que la soberbia y la arrogancia inflamen nuestro ego con sentimientos de superioridad y vanagloria.

¡Cuántas personas conocemos en esta situación! ¡Cuánta gente hemos visto florecer de la nada, surgir de un estado de carencia y pasar a un nivel de prosperidad y victoria realmente digno de admiración, pero juntamente con ese ascenso extraordinario también sus egos ascienden de forma vertiginosa y se infla su autoestima más allá de la cordura! Las hemos visto cambiar de actitud frente a la adversidad, frente al conformismo y una vida mediocre, pero tristemente también hemos visto cómo cambia su actitud frente a la gente que las rodea. Ya no miran con humildad, sino que en sus ojos hay un brillo extraño, sospechoso; el brillo que deja entrever arrogancia y superioridad. En su lenguaje y forma de expresarse ya no se perciben la cordura y la prudencia de otros tiempos, sino que ahora el "*yoísmo*" domina y modula el tono de sus palabras. "*Yo he hecho, yo puedo, yo sé, y yo voy y yo vengo*". Yo, yo y más yo. Tú sabes a qué me refiero. ¡Qué fastidiosa es la gente que anda con el *yo* en la boca a toda hora! Vive haciendo alarde a diestra y siniestra de sus logros y triunfos, metas y más logros.

Ciertamente Dios quiere que cambiemos de actitud con las personas que nos rodean. Él no quiere que nos sintamos superiores a los demás y que tratemos a nuestros congéneres como seres inferiores que no están a nuestra altura.

Tu Padre celestial no desea que tengas un concepto más alto de ti mismo del que debes tener. No quiere que te mires por debajo de ese concepto de dignidad, pero tampoco quiere que te mires por encima de él.

No importa cuántas bendiciones nos persigan ni cuántos logros acumulemos en la vida; seguimos siendo seres humanos llamados a vivir en humildad y cordura, sabiendo que no es por nuestras fuerzas que hemos prosperado ni avanzado a un mayor nivel de vida, sino por causa de nuestra obediencia y la fidelidad de Dios para con nosotros.

Tener *visión y éxito* para la vida no se trata solamente de pensamientos positivos, de dones, de talentos y de contar con el favor divino. Conquistar metas y concretar logros también es un asunto de carácter. Realmente de poco sirve si tu mente está llena de conocimientos, proyectos y estrategias y tu alma arde de pasión por tu destino si en tu corazón no hay humildad, sino más bien está lleno de soberbia, autosuficiencia y otros complejos de superioridad, pues ese mismo corazón inflamado de impiedad se convertirá en el mayor obstáculo para escalar hacia la cima de tus aspiraciones. El peso del ego inflamado es tanto que te robará el equilibrio, te hará trastabillar y tropezar donde menos crees. No creo que esto sea lo que quieras para tu vida. La mejor manera de conservar a salvo las bendiciones de un futuro pleno, es manteniendo el corazón a salvo de la soberbia y un ego alborotado. Por eso el mejor consejo que puedo darte en este sentido es que pongas vigías en tu corazón. Vigila constantemente los niveles de tu ego. Evalúa constantemente cómo están tus actitudes hacia las personas que trabajan, estudian o conviven contigo. Fíjate en cómo te expresas cada vez que hablas de tus logros, sueños o metas. Pon sazón de humildad a tu lenguaje y verás cómo tu corazón se mantiene a salvo de la vanagloria. No dejes que el engreimiento tome ventaja en tus relaciones, y trata siempre a los demás como lo que son: personas hechas a la imagen de Dios que tienen tu misma dignidad y merecen tu respeto y consideración. Que tus palabras produzcan inspiración en la gente que te escucha, y no intimidación. Recuerda que el lenguaje de la humildad siempre inspira, bendice y libera, y el vocabulario de la arrogancia y la soberbia intimida, constriñe y opaca. Dios quiere que seas un instrumento de bendición, no uno de intimidación.

Abordar el camino de la humildad es una decisión. Atrévete a transitar por esa senda y verás cómo no solo el camino de ascenso a la montaña de la realización se hace más claro, sino que, como añadidura, se aclaran tus relaciones interpersonales, se fortalece tu carácter y tu relación con el Creador entra en una dimensión especial como nunca la habías experimentado.

Dios resiste a los soberbios, pero da gracia a los humildes (1 Pedro 5:5), y si los ojos del Creador están sobre tu vida, Su cuidado y protección nunca te dejarán caer.

Capítulo 4

DESARROLLA UNA VIDA RELEVANTE

Como puede ver, el lugar donde ahora vivimos con usted nos resulta pequeño.
—2 REYES 6:1b

PARA DESARROLLAR UNA vida relevante se requiere el deseo y la voluntad de hacerlo. Cuando estos dos elementos se juntan, se generan la acción y el movimiento necesarios para emprender cualquier tipo de conquista.

En las Escrituras abundan testimonios evidentes de que es posible acceder a una vida relevante por medio de un ardiente deseo interior y la férrea disposición para lograrlo. Un caso ejemplarizante en este sentido se encuentra en 2 Reyes 6:1–6. En este pasaje se narra la historia de un grupo de profetas a los que les correspondió vivir en una época de escasez material y espiritual en Israel y, sin embargo, estas circunstancias difíciles no fueron obstáculos para que ellos desarrollaran una vida relevante y cumplieran su destino.

Pero, ¿qué hicieron estos profetas para no dejarse vencer por la dificultad y salir victoriosos en medio de las circunstancias? ¿Cuál fue su fórmula del éxito? En el texto mencionado está la respuesta.

Al leer este pasaje es fácil reconocer que los profetas siguieron por lo menos cinco principios para salir de la escasez y conquistar un nivel más alto de vida. Veamos:

1. Identificaron su necesidad de espacio

Cuando los hijos de los profetas tuvieron la oportunidad de encontrarse con Eliseo—'que para la época era la mayor autoridad espiritual—', lo primero que hicieron fue reconocer abiertamente su necesidad de espacio. Le dijeron: *Como puede ver, el lugar donde ahora vivimos con usted nos resulta pequeño (2 Reyes 6:1).*

La comunidad de los profetas había crecido tanto, que prácticamente estaban al borde del hacinamiento. Necesitaban urgentemente un espacio más grande dónde edificar una morada más apta y apropiada para la comunidad en expansión. Por eso cuando tuvieron oportunidad de expresar esa necesidad, lo hicieron sin vacilación.

Creo firmemente que este primer principio es vital para comenzar a desarrollar una vida relevante. Y así como funcionó para los profetas, igualmente será efectivo para nosotros.

Cuando reconoces que lo que ahora tienes no es lo que deberías tener y empiezas a concebir mentalmente una expansión de tus límites, estás despejando el camino que debes transitar para conquistar una vida relevante. Cuando lo piensas y lo añoras con todas las fuerzas de tu alma, estás estableciendo una conexión vital con tu sueño, entre tu necesidad y la solución.

La razón por la cual muchas personas no desarrollan una vida relevante, es justamente porque obvian este principio elemental, porque están tan entretenidas y conformes con su realidad individual, que no se han tomado el tiempo necesario para saber si lo que tienen ahora es lo que deberían tener.

El conformismo, esencialmente, es una de las principales causas del estancamiento y la falta de crecimiento. Es la tranca en la rueda del progreso y la causa de la escasez y la pobreza.

Dios nos creó mentalmente para soñar, para usar la mente y proyectarnos hacia nuevas dimensiones, para reevaluar nuestro presente y determinar nuestro futuro. Somos forjadores y edificadores de nuestro destino, y Él nos ha dado la capacidad para transformar las circunstancias por medio de la creatividad y el esfuerzo.

Ha sido la identificación de esta necesidad de espacio la que ha originado los más grandes descubrimientos de la historia. Fue la necesidad de transportar las grandes cantidades de carbón desde las minas hasta las ciudades y fábricas la que hizo que George Stephenson inventara el ferrocarril a comienzos del siglo XIX. Fue la necesidad de acortar distancias y contar con servicios de transportes más eficientes lo que llevó a Henry Ford a inventar el automóvil. Ha sido la necesidad de enfrentar las grandes epidemias que han azotado a la humanidad la que ha originado avalanchas de investigaciones para dar con medicamentos capaces de frenarlas. Cada vez que el hombre ha identificado una necesidad vital se han originado grandes descubrimientos. El don creativo de Dios se manifiesta poderosamente en nosotros cuando identificamos una necesidad y actuamos con diligencia buscando una solución.

Pero quien ignora lo que necesita nunca recibirá lo que merece. Se conformará viviendo entre límites y carencias, porque esa es la medida a la que se ha acostumbrado. Dejará pasar grandes oportunidades en la vida porque está tan conforme con su estado, que cualquier cosa que represente esfuerzo y movimiento lo incomoda y lo perturba. Vivirá creyendo que aspirar a más es una locura, algo que es imposible, que no es para él porque su destino y su suerte ya están sentenciados y por lo tanto no vale la pena mover un solo dedo para tratar de cambiar la realidad.

Sin embargo, como lo he dicho varias veces, Dios nos diseñó con la capacidad de soñar, crecer y expandirnos. De hecho, ese fue el primer mandamiento que Dios les dio a Adán y a Eva. Cuando Dios los enfrentó a la realidad y el destino que había planeado para ellos, lo primero que les ordenó fue: *Fructifiquen y multiplíquense. Llenen la Tierra y sométanla (Génesis 1:28).* Note que Dios no limitó sus expectativas solo al huerto del Edén. Su límite fue toda la Tierra.

De igual modo, Dios no le ha puesto límites a tu vida productiva, ni quiere que los pongas. Los límites son estructuras mentales que hemos ido adquiriendo por el tipo de formación que hemos recibido, o por las experiencias que nos ha tocado vivir. Nunca ha sido Dios la fuente de esos límites; por lo tanto, no podemos acostumbrarnos a ellos como si provinieran del Creador como parte de Su plan para nosotros. Por el contrario, Dios nos ha creado para soñar y expandir nuestros horizontes, para construir y edificar un futuro digno que nos dé plenitud de vida y propósito.

No obstante, para poder desarrollar una vida relevante es necesario hacer como los profetas: *identificar un lugar y un espacio que estén de acuerdo con nuestro linaje y diseño.*

Muchos se preguntarán: "¿Cómo llego a identificar mi necesidad de espacio?". Básicamente, aclarando tus expectativas y revaluando tus logros constantemente. Cuando cada cierto tiempo te apartas para meditar y revaluar dónde estás, cuánto has recorrido y a dónde quieres llegar, muy seguramente podrás identificar sin dificultad tu necesidad de espacio y podrás descubrir el camino más certero para conquistarlo.

2. Expresaron públicamente su necesidad

Una vez que los profetas identificaron su necesidad de espacio, dieron un paso más allá en el propósito de resolver su dilema: comunicaron abiertamente su necesidad *(2 Reyes 6:2)*.

La importancia de comunicar nuestra necesidad a otros radica en que cuando hablamos abiertamente de lo que queremos alcanzar y el porqué lo deseamos, vamos creciendo en motivación y disposición para conquistar aquello que por ahora yace en forma de idea o visión en nuestra mente. No hay ingrediente motivador más grande que el poder de la confesión y el de las palabras. Cuando una persona decide sacar verbalmente a la luz aquello que es íntimo pero que la desvela y la ilusiona poderosamente, comienza a revestirse de una actitud de conquista maravillosa, y a medida que expresa sus deseos, su mente se aclara, las ideas fluyen y la fe se activa y crece. Por eso la Escritura nos motiva a confesar permanentemente bendición y a declarar victoria sobre nuestras vidas. Porque es así como nuestra convicción crece, ahuyentamos el temor al fracaso y enfocamos de manera efectiva los potenciales que tenemos.

Por el contrario, cuando una persona calla lo que sueña y lo que anhela, simplemente está dando pie para que la realidad la intimide y la aturda. Los sueños que no se declaran a través de las palabras corren el riesgo de convertirse en fantasías, y las ideas que no se comunican apropiadamente tienden a transformarse en utopías.

Sin embargo, muchas veces nos dejamos convencer del temor al qué dirán y pensamos que si hablamos de nuestras necesidades y aspiraciones, nos van a tildar de ilusos, se burlarán de nosotros con todo tipo de calificativos, así como los hermanos de José se burlaron de él cuando les habló abiertamente de sus sueños.

Preferimos el silencio antes que hablar con otros sobre lo que deseamos conquistar porque pensamos que de esa forma no nos exponemos demasiado. Pero existen algunos beneficios implícitos en la confesión y en el hablar abiertamente de los sueños que nos apasionan. Examinemos.

Hablar de los sueños nos determina

Cada vez que compartes con alguien la necesidad de ensanchar tus límites, de crecer y desarrollar tus habilidades al nivel más alto, te estás autodeterminando para ser un conquistador. Cada vez que confiesas lo que quieres y para qué lo quieres, estás llenando tu alma de fe y convicción, estás despejando tus horizontes personales para mirar más alto y más lejos.

Determinación es la primera consecuencia de una decisión interior, es la unificación de intenciones y actitudes para emprender la marcha hacia la consecución de cualquier logro. Y ese nivel de determinación se hace visible y mesurable cuando hablamos y confesamos nuestras metas y proyectos. Así que cuando hablas, te determinas, y al hacerlo recibes inspiración del cielo, sientes que la gracia de Dios fluye a tu favor. Ese es uno de los maravillosos beneficios de expresarnos favorablemente acerca de los deseos e intenciones del corazón.

De manera que si quieres ganar confianza para emprender sin naufragar, empieza por transformar las concepciones mentales en palabras, y los deseos del alma en temas de conversación. Que no te dé temor expresarlos a otros, pues lo que realmente importa no es cautivarlos a ellos ni lograr su favor; lo verdaderamente importante es que adquirirás solidez y determinación para convertir esas ideas expresadas en una realidad personal asombrosa.

Háblale a Dios constantemente de lo que sueñas y aspiras, y hazlo con la certeza de que Él te escucha y te inspira. También escoge un grupo de personas en las que confíes para expresarles hacia qué horizontes deseas conducir tu vida. De esa forma las convertirás en testigos y custodios de tus sueños, y cuando las dificultades del camino amenacen con ensombrecerte y disminuirte, ellas se encargarán de devolverte el aliento y la esperanza mediante palabras de afirmación y victoria.

Cuando expresas lo que sueñas, te conectas emocionalmente

¿Puedes imaginar lo que ocurre cuando confiesas tus sueños sin temor y reservas? Ocurre una conexión poderosa entre todos tus sentidos. Tu mente, tu voluntad y tus emociones confluyen en un nivel de enfoque tan grande, que la palabra *imposible* desaparece de tu vocabulario personal. Cada vez que hablas con pasión de lo que anhelas todo tu ser se articula y se cubre de una gracia sobrenatural para fluir y avanzar hacia la consumación de tu propósito.

Dios es el mejor ejemplo al respecto. La forma como Dios se conecta emocionalmente con Su creación es comunicándonos Sus pensamientos y deseos. Por medio de la Palabra, Dios establece un vínculo afectivo con nosotros que aviva y fortalece no solamente su relación con el ser humano, sino Sus sueños y planes para nosotros. La mejor manera de afianzar tus perspectivas de vida, de avizorar el futuro con certidumbre y confianza, es por medio de la conexión emocional que brindan las palabras y la confesión.

Por eso a partir de este momento debes aprender a hablar con confianza y seguridad de tus planes. Esto no significa que debas hacerlo a diestra y siniestra, sin control y desesperadamente. No. Debes ser prudente también y saber distinguir cuál es el mejor momento para hacerlo. Hablar más de la cuenta también es un error. Además, debo añadir que no todas las personas son dignas de escuchar lo que soñamos y esperamos. En ese sentido debemos aprender de los profetas que hemos tomado como ejemplo para este capítulo. Si te fijas, ellos no fueron por ahí hablándole a todo el mundo sobre su necesidad de espacio. Sabían que debían comunicarlo a alguien que estuviera a la altura de sus expectativas, alguien que tuviera un grado de autoridad sobre ellos o alguien con quien tuvieran un vínculo emocional especial. Por eso escogieron a Eliseo, porque él no solamente era profeta como ellos, sino además una figura de autoridad que podía brindarles soporte emocional y espiritual.

Por eso es clave que a la hora de escoger las personas a las cuales les contarás tus sueños y deseos, te asegures de que están a la altura de tus expectativas y sean capaces de brindarte soporte emocional y espiritual.

3. Usaron el poder del acuerdo

Al leer el pasaje de *2 Reyes 6:1–6* comprendemos que los profetas no se conformaron con identificar su necesidad de espacio y expresarla abiertamente. Ellos dieron un paso más allá: usaron el poder del acuerdo. En el verso dos dice: *Es mejor que vayamos al Jordán. Allí podremos conseguir madera y construir un albergue (2 Reyes 6:2).*

Ellos sabían que para poder alcanzar un propósito

común debían caminar juntos, estar unidos en la visión y el propósito. Si alguno de los profetas no percibía la misma necesidad, muy posiblemente no se conectaría con la necesidad del grupo y quizá actuaría en disonancia con los demás, causando así desacuerdo y dispersión. No obstante, la narración es clara cuando expresa firmemente que *todos* debían ir al Jordán y que *cada uno* tenía una parte en el proyecto de construir una sede más grande.

Quizá muchos pensarán que el poder del acuerdo funciona en términos de grupo o de comunidad y que nada o muy poco tiene que ver con un individuo. Sin embargo, quiero enseñarte que el poder del acuerdo también es una ley que funciona perfectamente en una persona, y la razón es sencilla: cada ser humano es tripartito; se compone de un alma, un espíritu y un cuerpo. O en un sentido más práctico, somos mente, voluntad y emociones. De manera que para que una visión o proyecto se lleve a cabo, cada persona debe unificarse a sí misma en pos de ese deseo para poder actuar con la certeza de que conquistará y alcanzará el éxito.

Si una persona no unifica lo que piensa con lo que siente y lo que hace, nunca generará la motivación suficiente para crear acción y movimiento. Esa es una de las razones principales por las que muchas personas viven estancadas y poco progresan: porque piensan en grande pero sienten y actúan en pequeño. No llegan a un acuerdo entre sus pensamientos, sus emociones y su voluntad, y por consiguiente nunca se genera la fuerza de acción suficiente para que se determinen a conquistar.

Existen muchas personas con grandes ideas y pensamientos claros acerca de lo que quieren lograr, pero cuando examinas sus emociones y su voluntad, te das cuenta de que no concuerdan con lo que piensan y quieren. Son extremadamente temerosas y pasivas. Siempre andan buscando una excusa emocional o motivacional para no comenzar a caminar en pos de lo que quieren conquistar. La falta de un acuerdo entre las distintas dimensiones de su ser las mantiene en una especie de constante aplazamiento. Se dicen a sí mismas "Mañana comienzo", pero ese mañana nunca llega. ¿La razón? Porque no han aplicado la ley del acuerdo.

La ley del acuerdo dice que cuando la mente, la voluntad y las emociones fluyen en la misma dimensión, se crea un poder de acción tan tremendo que todo resulta posible. La sinergia que resulta es tan fuerte, que crea una fuente de convicción personal capaz de vencer cualquier obstáculo y sobreponerse a cualquier escollo del camino. Por eso, para alcanzar una vida relevante no solo se requiere tener la idea clara en la mente de lo que se quiere conquistar. Tener una visión clara es el ingrediente primario del éxito, pero no es el único. Es necesario que lo que ves en tus pensamientos también lo sientas intensamente en tus emociones. Porque si no hay pasión en tu corazón por aquello que ves en tus pensamientos, o en forma de una idea, pues simplemente no generas el combustible motivacional que te llevará a la acción.

Como ves, la ley del acuerdo, en este sentido, resulta vital para poder conquistar el nivel de vida que deseas. Fuera de esta ley cualquier cosa se queda en buenas intenciones, siempre en proyectos que esperan una oportunidad para concretarse, en una ilusión del alma destinada al silencio y a la no realización.

Sin embargo, Dios no quiere que esa sea tu realidad. Él puso en ti la gracia y el poder para desarrollar la vida que deseas tener. Todo cuanto tienes que hacer es decidirte a usar las herramientas que el Creador del universo ha dispuesto a tu favor. Si usas el poder del acuerdo, todo te será posible. Si te determinas y te unificas, podrás volar lejos y conquistar tu lugar aquí en la Tierra. La Escritura dice en *Mateo 12:25* que *una casa dividida contra sí misma no permanecerá*. Como la dispersión de ánimo es la causa de la pobreza y la anulación para una vida de grandeza, deberás evitarla a toda costa.

A este respecto mi consejo para ti es el siguiente: antes de vislumbrar grandes ideales y concebir grandes sueños, preocúpate por ganar la primera y gran victoria: *la de ti mismo.*

Platón decía que la primera y gran victoria es la conquista de uno mismo. Y para efectos de lo que estamos diciendo, esta primera y gran victoria no significa otra cosa más que alinear nuestra mente, nuestra voluntad y nuestras emociones en un mismo paralelo, es decir, actuar en unidad de pensamiento e intenciones. Solo así podremos, como los profetas, sobreponernos a una vida de estrechez y carencia para acceder a una vida de abundancia y plenitud.

4. Hicieron a Dios parte fundamental del objetivo

La cuarta actitud de la comunidad de profetas para desarrollar una vida relevante fue incluir a Dios, el Creador de todo, en su proyecto comunitario.

Los profetas no solo expresaron ante Eliseo su necesidad de un espacio más amplio y digno para ellos, sino que con la necesidad también hablaron de la solución: trabajar en unidad e incluir a Dios en el objetivo. Nota lo que dice el verso tres: *Pero uno de ellos le pidió: Acompañe usted, por favor a sus servidores (2 Reyes 6:3).*

El profeta sabía que si Eliseo, máxima autoridad espiritual de la época, los acompañaba, contarían con un respaldo espiritual poderosísimo. Por eso frente a la oportunidad no dudaron en incluirlo en su propósito.

Creo que el principio no puede ser más claro: Eliseo era la máxima autoridad espiritual de entonces, los profetas lo sabían plenamente y por eso quisieron asegurar no solo su aprobación del proyecto sino también su compañía. Del mismo modo nosotros debemos incluir a Dios en cualquier asunto que emprendamos para ver los resultados que esperamos. Pero incluir a Dios de verdad, no únicamente de labios para afuera. No. Lo que quiero decir es convertirlo en parte esencial de nuestros emprendimientos. Cuando dejamos que Dios nos acompañe, no estamos invitándolo sólo a que nos mire actuar, a que vea lo inteligentes y capaces que somos a la hora de emprender una visión. No. Lo invitamos para que sea nuestro guardián y guía; para que nos asista y nos proteja; para que nos ilumine con Su sabiduría y nos fortalezca con Su consejo.

A la hora de emprender cualquier proyecto o propósito no hay mayor garantía de éxito que contar con la presencia del Creador del universo. La Escritura es abundante en ejemplos que constatan lo que digo. Siempre que Dios estuvo presente el pueblo obtuvo la victoria. Siempre que alguien clamó el favor y la presencia de Dios vinieron Su bendición y gracia sobre quien clamó, así que nunca dejes a Dios por fuera del inventario. Antes de cualquier otro participante inclúyelo a Él y serás prosperado. Antes de escudarte en tus talentos personales o en tus habilidades para concretar proyectos asegúrate de que la presencia de Dios esté contigo a donde quiera que vayas, porque solo de esa forma garantizarás la victoria y doblegarás a tus adversarios.

5. No se limitaron por las circunstancias

El último principio que quiero compartir en esta sección tiene que ver con no dejarse limitar por ninguna situación.

La comunidad de profetas ciertamente no estaba viviendo en una época de abundancia material. No solo carecían de un espacio adecuado y digno para vivir, sino que, por lo que se desprende del relato, es fácil concluir que tampoco tenían los medios económicos o materiales para salir de esa situación. De hecho, en los versos cuatro al seis se puede ver que los profetas ni siquiera tenían un hacha propia para cortar la madera que requerían para construir su morada. Aun así ellos no se conformaron, sino que se dieron a la tarea de conquistar un espacio más amplio y acorde con sus necesidades. No permitieron que las circunstancias que los rodeaban limitaran sus aspiraciones y les cortaran sus deseos de progreso. Simplemente usaron lo que tenían a su disposición. Fueron creativos y recursivos a la hora de determinar construir un lugar para morar con mayor comodidad. Aunque carecían de un hacha propia para iniciar el trabajo, sabían quién sí tenía una, y no dudaron en ir a pedirla prestada. Vencieron cualquier temor y prevención y actuaron con humildad. No se intimidaron ante el hecho de que siendo profetas no tuvieran una herramienta propia, ni se preocuparon por el qué dirán. Simplemente fueron honestos con ellos mismos, aceptaron su carencia y necesidad de otros y no se quedaron sencillamente lamentando su suerte.

Creo que este punto es decisivo para cualquier soñador que realmente quiera ver cumplidos sus deseos internos. No dejarse limitar por las carencias o dificultades personales es uno de los principales escollos que cualquier emprendedor debe lidiar. Primero, porque nos hace conscientes de dónde estamos parados y hacia dónde queremos dirigir nuestras vidas, y segundo, porque prueba realmente nuestras motivaciones esenciales.

Las dificultades tienen la propiedad de hacer evidente lo peor del ser humano o hacer relucir con mayor intensidad sus mayores potenciales. Pero somos tú y yo los que finalmente decidimos cuáles aspectos vamos a dejar que afloren en medio de las circunstancias.

Los profetas hubieran podido caer en la queja y la frustración. Ellos pudieron haber adoptado una actitud derrotista frente a sus carencias y dejarse llevar por la amargura y el resentimiento: "¡Cómo es posible que siendo profetas del Dios viviente no tengamos un hacha propia para cortar la madera y construirnos un mejor lugar!". Sin embargo, ellos no se quejaron ni adoptaron la actitud de víctimas incomprendidas. Todo lo contrario: vieron en la carencia una oportunidad para probarse a sí mismos, para activar su fe y su capacidad de gestión. "Está bien, no tenemos un hacha propia; pero alguien debe tener una. ¿Dónde está ese alguien?".

Creo que la actitud de los profetas nos deja muchas lecciones interesantes para aprender. ¿Cuántas personas no están por ahí varadas y estancadas porque no tienen un hacha para comenzar el proyecto de sus sueños? Se la pasan soñando y pensando en sus grandes ideales, pero no dan pasos prácticos en pos de ellos.

¿Sabes algo? No importa que carezcas de tu propia hacha para comenzar a cambiar tu realidad. Alguien tiene una para ti. Todo lo tienes que hacer es vencer tus miedos y tu orgullo y buscar un punto de apoyo. La Biblia dice que al que pide se le dará, el que busca hallará y al que toca se le abrirá. Eso fue justamente lo que hicieron los profetas:

pidieron ayuda. Y esa ayuda representada en un hacha fue el comienzo para cambiar su destino, para cumplir su sueño.

No importa que estés y te sientas sin los recursos necesarios para comenzar a revestir de realidad tus sueños. Debes saber que alguien tiene lo que necesitas. Dios usará a alguien para bendecirte con Su favor y darte el impulso inicial en la carrera por tu destino. Todo lo que tienes que hacer es no quejarte ni lamentarte. Sencillamente confía en que Dios te rodeará de las personas apropiadas y que el hacha que necesitas ya está dispuesta para ti. Sólo confía, agradece y espera. Pero esta espera no implica pasividad; debes hacer lo posible para que Dios haga lo imposible. Los profetas lo hicieron y vieron la victoria sobre sus dificultades. Ellos no negaron su realidad, pero tampoco se conformaron con ella. Hicieron lo que estaba al alcance de sus posibilidades y Dios honró esa actitud.

En conclusión, los límites que verdaderamente pueden estancarte y mantenerte inmóvil son los límites de tu mente. Las circunstancias físicas, externas, no pueden detenerte, porque eres más grande que ellas. Dios te creó con la capacidad de mirar por encima de cualquier realidad presente. Puso en ti la dosis de grandeza necesaria para crear y trascender. Todo lo que necesitas es creerlo y esforzarte para vivir de acuerdo con lo que eres.

Capítulo 5

EL PODER DE LA GRATITUD

¿No son diez los que fueron limpiados? Y los nueve, ¿dónde están?.
—LUCAS 17:17

EL ANTÍDOTO INFALIBLE contra el temor al rechazo, al futuro, la soledad y la falta de perdón no es una fórmula mágica, no es una pócima que se bebe, no es un rezo u oración que se hace, ni algo por el estilo. El antídoto infalible contra estas cosas, que son representaciones actuales de la lepra, es una actitud y una decisión.

Cuando los diez leprosos escucharon que Jesús pasaba por su aldea, salieron a encontrarlo para pedir misericordia. Hicieron lo posible para que Jesús notara su presencia y se apiadara de ellos. El Maestro no solo se identificó con su necesidad, sino que además les otorgó la sanidad. Los envió a los sacerdotes como un acto de fe, pero también como una prueba. Mientras los leprosos iban a ver a los sacerdotes, fueron sanados.

Lo interesante de esta historia es lo siguiente: mientras los diez leprosos tuvieron la fe suficiente para ir a ver a los sacerdotes, solo uno tuvo la cortesía de regresar para dar las gracias. Siempre me ha llamado la atención por qué Jesús no sanó directamente a los leprosos allí mismo. Por qué no extendió Su mano hacia ellos y ordenó que la lepra se fuera, o por qué simplemente no les dijo: "Listo, chicos, por haber creído en mí todos son sanos. Váyanse en paz". En vez de usar una de Sus ya conocidas maneras de sanar, hizo algo diferente; los envió a ver a los sacerdotes del pueblo.

¿Por qué lo hizo así? Creo de todo corazón que la razón por la cual el Maestro mandó a los leprosos a ver a los sacerdotes fue para dejar manifiesto que existe una lepra mucho más profunda y dañina que la lepra física: la *lepra de la ingratitud*. Solo uno de los diez tuvo el valor de regresar para decir: "¡Gracias!". ¡Qué fácil es mover la boca para pedir un favor o una bendición! Pero ¡cuán difícil es hacer lo mismo para agradecer!

Espero que comprendas lo que trato de decir. La gratitud no es una acción momentánea, no es una palabra dicha al furor de una emoción, ni es una expresión que viene y se va. La gratitud es una actitud y una condición permanente del corazón.

Creo que si Jesús hubiese sanado a los leprosos ahí mismo, en el acto, a los diez les hubiera resultado muy cómodo decir: "*Mil gracias, ¡qué felicidad! Jesús, eres lo máximo*". Sin embargo, esa gratitud quizás hubiese sido una mera expresión, relacionada más con la emoción y la sorpresa que con una auténtica actitud del corazón. En cambio, hacerlos ir hasta donde estaban los sacerdotes implicaba acción y movimiento. Quien quisiera regresar a dar las gracias debía hacer un mayor esfuerzo, debía caminar o correr. Implicaba una acción que involucraba todos sus sentidos. La verdadera gratitud es eso: una actitud que involucra la mente, la voluntad y las emociones. Aunque los diez leprosos fueron sanados de la lepra física, solo uno recibió más que eso. Recibió el favor de Dios y una dimensión de bondad mucho más grande que la de una simple sanidad. Eso es justamente lo que hace la gratitud en nuestras vidas:

nos da una dimensión más amplia del favor de Dios, es decir, una especie de pasaporte para vivir en un nivel más alto de la gracia divina. Los diez leprosos recibieron curación de su lepra física, pero tuvieron que seguir soportando el peso destructivo y humillante de una lepra aun mayor: la lepra de la ingratitud.

Querido lector, el único antídoto verdadero para no caer en el temor al rechazo, al futuro, la oscura prisión de la soledad y el triste y putrefacto lodazal del odio y el resentimiento es cultivar una actitud de gratitud, es conocer y experimentar diariamente el poder sanador e inmunizante de la gratitud. Cuando comprendes la importancia de ser agradecido, aprendes a ver los beneficios o bendiciones en su verdadera dimensión, aprendes a vivir en la realidad de Dios. La gratitud agudiza todos los sentidos para que veamos la realidad con claridad y no seamos engañados, confundidos o intimidados por las circunstancias o las personas.

La gratitud produce contentamiento

Lastimosamente, muchos confunden el contentamiento con el conformismo, pero lógicamente no es lo mismo. El contentamiento es un estado de complacencia *activa* por lo que hemos recibido, y el conformismo es una aceptación *pasiva* de la realidad. El contentamiento está asociado con alegría, gozo y satisfacción, en tanto el conformismo nos remite al desinterés y a la duda. Una persona conforme nunca sabe a ciencia cierta si lo que tiene es más o menos lo que merece, y jamás se toma la molestia de averiguarlo; sencillamente acepta las cosas pasivamente.

A Dios le encanta la gente agradecida porque es activa. La

gente agradecida siempre tiene un motivo para sonreír, dar las gracias, extender la mano y ofrecer un abrazo. Quienes siempre cultivan una actitud de gratitud en sus vidas alegran el entorno, porque se trata de individuos que inspiran paz y confianza. A una persona que está satisfecha con lo que Dios ha hecho por ella no se la ve renegando ni sembrando pesimismo entre los demás. No niega la realidad ni aparenta estar tranquila cuando realmente se muere de miedo, sino que sencillamente toma todos los momentos como oportunidades para sacar las mejores reservas de sí.

Los que cultivan la gratitud como un estándar o una norma de vida no andan pendientes de la aprobación de los demás para sentir satisfacción o desagrado, ni tampoco deambulan buscando excusas para renegar de la gente, para aislarse y enfrascarse en su propia soledad. Las personas que saben decir "*Gracias, Dios, por lo que has hecho conmigo*" también saben esperar con paciencia y esperanza cuando el entorno se torna oscuro y el horizonte se cubre de luto amenazante.

Siempre dudo de la gente que no sabe decir: "*¡Gracias!*". La gente ingrata no es digna de confianza porque no es íntegra. Tiende a ser falsa y ventajosa. Siempre demanda pero nunca aporta; siempre pide, pero rara vez da. Te sonríe cuando viene con una intención, es amable cuando quiere obtener un favor, pero de resto es fría y distante, arrogante y envidiosa.

Por ejemplo, en la época de Moisés la mayoría de los israelitas siempre encontraron una razón para quejarse y dudar antes que para alabar. Abrían la boca solo para pedir, suplicar, quejarse y maldecir, pero pocas veces lo hacían para agradecer genuinamente la fidelidad de Dios. El Señor les dio la mejor tierra existente, pero ellos nunca estuvieron satisfechos. Dios les dio Su presencia como garantía de éxito, pero ellos pidieron un rey. El Señor les dio una identidad y una herencia única, pero a ellos eso les pareció poco y prefirieron imitar a los pueblos paganos. Dios les dio sus leyes, pero ellos prefirieron adorar a otros dioses.

La actitud de ingratitud fue la lepra que destruyó a Israel, que minó su destino y le arrebató su herencia. Dios lo desechó porque el pueblo de Israel jamás supo valorar Su favor. Nunca se sintió satisfecho con su posición de privilegio y prefirió rebelarse.

Creo que ahí es donde está el germen de maldad que alimenta la ingratitud: *en la rebelión*. La ingratitud siempre nos llevará a rebelarnos contra toda forma de integridad. Es imposible dirigir a una persona ingrata, pues ella siempre encontrará una manera de escabullirse y hacer las cosas a su manera. Es imposible mantener relaciones sanas con un ingrato, pues este siempre asumirá una actitud de manipulación y conveniencia. Es virtualmente imposible hacer negocios con un ingrato, pues siempre buscará la forma de sacar ventaja, etc.

La ingratitud es altamente destructiva. Entre tanto, el espíritu de contentamiento y gratitud es el terreno más fértil para crecer y expandirse. El remedio para superar los temores y el pesimismo se llama *gratitud*. El mejor bloqueador solar que existe contra el cáncer de la baja autoestima se llama *contentamiento*. No conozco mejor antiviral contra el germen de la desilusión que la *gratitud*.

Si quieres saber la clave de una vida plena, alegre y feliz, aprende a vivir el contentamiento. Cada vez que te mires al espejo di estas palabras: "*Dios, gracias por esta linda obra que hiciste conmigo. ¡Qué contento me siento de ser yo!*".

Cuando experimentamos el contentamiento por los

beneficios recibidos y por aquellos que están en camino, creamos la atmósfera emocional necesaria para mantener una actitud de conquista, la moral en alto y un espíritu esforzado. La gente agradecida y plácida siempre está dispuesta. No conoce la expresión *"No, no se puede; es imposible"*. Por el contrario, su lenguaje siempre invita a la buena actitud, al ánimo, a luchar y perseverar, porque su autoestima y su corazón arden de pasión por la vida y las metas a conquistar.

El contentamiento facilita las buenas relaciones

Otro beneficio maravilloso de cultivar las actitudes de contentamiento y gratitud es que crea un ambiente propicio para cultivar las buenas relaciones.

¡Cuántas parejas se salvarían del fracaso si tan solo supieran agradecer lo que el otro es! Si en vez de decir "*No me comprendes*", o "*Es que siempre piensas en ti*", dijeran: "*¡Cuán agradecido estoy con Dios por tu vida; ¡me siento tan contento de que seas parte de la mía!*".

Si en vez de esgrimir siempre las razones que tenemos para renegar de nuestro cónyuge expresáramos las razones que tenemos para estar agradecidos, contentos y sentir alegría, estoy seguro de que muchas parejas fluirían en un mejor ambiente familiar.

¡Cuántos padres e hijos vivirían en armonía familiar si tan solo aprendieran a ser agradecidos por lo que unos y otros representan para sí! Si en lugar de estar quejándonos de papá y mamá por ser tan "*intensos*" y controladores mantuviéramos una actitud de gratitud por su cuidado y protección ¡Y cuántos padres asegurarían el favor y la cercanía de sus hijos si en vez de estar criticándolos y juzgándolos, tan solo les hicieran saber de vez en cuando lo felices y agradecidos que se sienten por tenerlos como hijos, por haberlos engendrado!

Es realmente extraordinario el poder de la gratitud para restaurar relaciones rotas y mantener en armonía aquellas que están bien. El poder de la gratitud radica en que nos hace vivir humildemente, es decir, siempre manteniendo el ego y la arrogancia bajo control.

Cada vez que agradeces por algo o alguien y lo haces con sinceridad y con los motivos correctos, tu ego se contrae y tu humildad florece. Porque para poder sentir gratitud y contentamiento es necesaria una actitud de humildad. ¿La razón? El ego nunca está contento; siempre está insatisfecho, siempre demanda más y más. Esa es la causa por la cual las relaciones fracasan: porque no somos capaces de suplir las demandas del ego y siempre estamos exigiendo de los otros más y más tratando de que nuestro ego se sienta bien, pero nunca se sacia y siempre busca un poquito más. En contraste, cuando decimos "*Gracias, me siento satisfecho por lo que eres y significas para mí*", estamos estableciendo un límite y un balance a nuestros egos, y eso permite que nuestras relaciones sean equilibradas.

La mejor manera de cultivar la humildad y la templanza es practicando la actitud de gratitud. No hay otra forma más efectiva de ganar mansedumbre y humildad que siendo agradecidos.

Y tú, ¿qué tan agradecido eres?

Debes saber que un ingrediente importantísimo para alcanzar el éxito y un mejor nivel de vida se llama contentamiento, que como vimos, viene con la gratitud.

La gratitud nos permite dimensionar exactamente el valor de la conquista. Alguien que vive el contentamiento y la alegría por lo que va cosechando valora y comprende a cabalidad lo que tiene en su vida, es decir, los dones y potenciales que ha recibido los ve como un tesoro y los cuida como tal; no los desperdicia ni los subutiliza, sino que los explota genuinamente, porque es consciente del valor que representan para su presente y su futuro.

Por otro lado, la ingratitud nos lleva a ser despreciativos. Alguien que no puede vivir el contentamiento, ni con lo que es, ni con lo que tiene, ni con las personas y circunstancias que le rodean vivirá quejándose y renegando de su suerte y su destino; siempre tendrá un motivo para estar disgustado y en contravía del camino que lleva al éxito, a su destino. La causa por la cual muchos individuos andan por el mundo extraviados, sin objetivos y metas y a merced de las circunstancias es porque no han sabido valorar apropiadamente lo que sus vidas representan. Se debe a que nunca se sintieron cómodos ni satisfechos con lo que eran ni lo que tenían, y por eso prefirieron renunciar a vivir en concordancia con su herencia y sus potenciales para vivir una vida marginal y sin propósito.

La ingratitud nos anula interiormente. Nos impide crecer y desarrollar lo mejor de nosotros. Pero la gratitud, en cambio, hace que la gracia y el favor de Dios brillen con mayor intensidad en nuestras vidas e iluminen el camino con paz y seguridad.

El contentamiento nos provee un sentido de paz y seguridad. Para los que se preguntan a diario "*¿Cuál es la clave para vivir alejados del estrés y la ansiedad?*" aquí les tengo la respuesta: la gratitud y el contentamiento.

Vivir agradecidos y contentos equivale a vivir en paz y seguridad. Paz conmigo mismo, con Dios y con los demás, y seguridad porque sé de corazón que mi destino está seguro en Él. ¿Por qué me voy a afanar y angustiar si mi vida está completa, si todo cuanto necesito para ser pleno ya Dios lo ha provisto, y aunque no lo vea con los ojos físicos, la obra está acabada, ya está consumada y pronto la veré?

La ansiedad y el estrés son, en el mayor de los casos, el resultado del desespero y el afán por tratar de encontrar satisfacción y plenitud en las cosas externas. Es la somatización, o el producto, del sobreesfuerzo interno y externo para tener aprobación y satisfacción fuera de uno mismo.

Cuando la fuente de tu satisfacción y contentamiento están en las cosas y no en lo que eres, inevitablemente acabarás en el estrés y la ansiedad. Si primero no encuentras contentamiento en lo que eres, en tu dignidad y grandeza y en la gracia de Dios derramada en tu vida, tampoco encontrarás ese contentamiento en las cosas materiales. Lo único que hallarás, a lo sumo, será ansiedad y frustración. Sin embargo, cuando vivimos el contentamiento, disfrutando lo que somos y asumiendo a conciencia los desafíos que tenemos por delante, vivimos rodeados siempre de una sensación de paz y seguridad más grande que cualquier situación. No importan los obstáculos y dificultades, ni que la vista se nuble y el panorama se enturbie. Porque a pesar de que sintamos que todo se complica, siempre el corazón estará cubierto por una paz y una confianza mayor que cualquier situación temporal. Eso es lo que hace el poder de la gratitud en nosotros: nos inmuniza contra la desconfianza y, en cambio, alimenta nuestra fe y agudiza nuestras convicciones, proveyéndonos así un sentido de bienestar y paz, aun en medio de la más feroz tormenta.

Pero el ingrato y el desagradecido viven a cabalidad lo del dicho popular: "*Va para el cielo y va llorando*". Siempre tendrán un motivo para estar intranquilos, para dudar y sentirse amenazados. No confían más que en su propia capacidad para manejar la situación, y eso les genera tantas tensiones internas que les impide disfrutar cualquier proceso, porque no hay paz ni seguridad en sus corazones. Después, cuando conquistan cualquier logro, están tan cansados, tan agotados emocional y espiritualmente, que no pueden disfrutar a cabalidad lo que conquistaron.

Definitivamente el espíritu de gratitud es una de las características de la gente triunfadora y exitosa. Es una marca y un distintivo de aquellos que viven plenamente su llamado y su destino.

Espero que esa sea tu marca y distintivo también. Y si aún no lo es, la mejor manera de comenzar a tenerlo es abriendo la boca para comenzar a dar gracias por lo que eres, por lo que tienes y por tu destino que te espera. Gratitud y contentamiento, ¡esa es la clave!

Capítulo 6

POR TUS VENAS CORRE SANGRE DE REYES

Mas a todos los que le recibieron, a los que creen en su nombre, les dio potestad de ser hechos hijos de Dios; los cuales no son engendrados de sangre, ni de voluntad de carne, ni de voluntad de varón, sino de Dios.
—JUAN 1:12–13

CUANDO ESTUDIAS LA historia de las realezas del mundo, descubres detalles asombrosos. Encuentras, por ejemplo, que su herencia y su linaje determinan su estima y su destino aquí en la Tierra. La razón por la cual naciones enteras se someten a la autoridad moral o civil de los reyes, es porque provienen de un linaje real demostrado históricamente. Como su padre o abuelo fueron antecesores en la línea al trono, tienen el derecho natural de ser reyes con autoridad hasta su muerte.

Puede ser que el sucesor al trono, o príncipe, todavía no tenga edad para asumir su reinado y gobernar, y quizá ni siquiera sea plenamente consciente de la grandeza que lo encarna; sin embargo, ya la gente sabe que por sus venas corre sangre real. Su dignidad y grandeza no están basadas o calculadas en los logros alcanzados o en las batallas ganadas, sino en los hechos que hará en el futuro por causa de su linaje real y su herencia poderosa.

¿Te digo algo interesante? Eso mismo ocurre con tu vida.

Dios también te ve como un príncipe porque tienes una herencia y un linaje especial. No importa que a tu edad no hayas obtenido logros importantes, ni que tu vida se caracterice por las grandes batallas que has ganado. Tu valor y tu estima no se evalúan por lo que has ganado en el pasado, sino por las victorias que lograrás en el futuro; porque por tus venas corre sangre real.

Así es como Dios te ve y así es como debes considerarte: como alguien creado para triunfar y para conquistar grandes hazañas.

Quizá tú digas: "*Pero es que mi herencia es de fracasos, pobreza y una total ausencia de todo lo que represente grandeza, honra y superación. Mi padre era un alcohólico empedernido que todo cuanto hizo en la vida fue beber, beber y beber, y mi madre, bueno ella fue una amargada que todo cuanto hizo fue sencillamente ver cómo mi padre se emborrachaba. Provengo de un ambiente tan miserable que me cuesta creer que haya algo bueno en mí, algo digno de admiración y valor*".

O tal vez dirás: "*Mi herencia y mi linaje es de abusos y maltratos, peleas y rencillas. Mi padre golpeaba a mi madre, ella me golpeaba a mí, yo golpeaba a mis otros hermanos, y ellos se golpeaban entre sí. La única herencia que conozco son los golpes y las patadas, y por ende, eso es lo único que sé hacer bien*".

La buena noticia para ti es que tu herencia y tu linaje no lo determinan ni tus padres, ni tu pasado, ni las circunstancias lamentables en las que hayas crecido. Tu herencia y linaje vienen de tu Padre celestial, tu verdadero Creador y Sustentador (*Juan 1:12–13*). Tienes sangre real porque así fue como Dios te diseñó. Él, que es el Rey supremo del universo, te programó genéticamente para que vencieras, para que conquistaras un espacio y un destino lleno de plenitud y bendición aquí en la Tierra. Dios te diseñó como campeón y es así como debes mirarte.

A lo mejor dices: "*Pastor, me cuesta creer eso porque todo cuanto hay en mis recuerdos y pasado es una cadena interminable de fracasos, escasez y problemas. Me cuesta verme como campeón porque todo mi pasado está lleno de frustraciones*". A pesar de todo, no tienes por qué perder la confianza. Aunque sientas que tu pasado te condena a la miseria, a la pobreza y al fracaso, debes saber que tu verdadera condena es la de un futuro glorioso y extraordinario. Dios lo dispuso así. Aunque tu pasado haya sido pequeño, tu futuro será inmenso. Todo lo que debes hacer es creer, llenarte de esa verdad, respirar esa esperanza y apropiarte de esa nueva realidad. Tu verdadero ADN no proviene de tu familia ni de tus antepasados; tu verdadero ADN, tu genuino carácter de campeón proviene del Rey y Señor del universo, del Eterno, del Ser más grande que existe.

Es posible que hasta ahora hayas estado viviendo la herencia de la mediocridad y las carencias que recibiste de tus padres terrenales, pero debes pararte en la raya y decirte a ti mismo: "*¡Basta ya! Hasta este momento viví esta realidad de pobreza y pequeñez. A partir de hoy viviré según mi linaje y mi verdadera herencia*".

Fuiste creado para reinar sobre las circunstancias, no para vivir subyugado por ellas

Tu verdadero linaje y herencia dice que no naciste para vivir subyugado por los problemas, sino para reinar sobre ellos y correr en la pista diseñada exclusivamente para los campeones. Es ahí donde se demuestra todo el potencial que hay en tu casta. Es ahí donde todo tu potencial será evidente. Los problemas y las malas circunstancias no son tu verdadero destino; son apenas estaciones momentáneas para aprender, crecer, madurar y corregir actitudes, pero no es tu destino final.

Muchas personas, sin embargo, prefieren quedarse ancladas en las dificultades antes que salir e ir a demostrar lo que son y el linaje que las habita. Lo hacen porque ya se han acostumbrado tanto a vivir entre el deseo y la frustración y entre la estrechez que imponen los problemas que sienten que no vale la pena hacer ningún esfuerzo por sobreponerse y demostrar lo que son. Pero no comprenden que el tiempo pasa, que las oportunidades vienen y se van y que están perdiendo el mejor momento de sus vidas para hacer historia, para dejar una huella y un legado.

Es cierto que hay sangre real corriendo por tus venas y que sobre tu vida está la marca del Creador como garantía de que eres vencedor; pero si no decides actuar de acuerdo con tu condición y en cambio prefieres conformarte con las dificultades del presente, tu tiempo pasará y no habrá victoria para ti, y por consiguiente, tampoco herencia ni destino. Otro arrebatará tu lugar, tus galardones, tu podio y tu honra. Ese no es el propósito de Dios, ni creo que tampoco sea lo que quieres para tu vida. Sin embargo, las oportunidades no siempre estarán disponibles. No rehúses salir de tu zona de comodidad para demostrar el linaje que te encarna. Debes pensarlo seriamente y reflexionar sobre cómo estás asumiendo tu condición y si estás viviendo según el propósito y diseño de Dios para tu vida o de acuerdo con la imposición y las amenazas de las circunstancias externas.

A pesar de que fuimos creados para soñar, conquistar y

desarrollar nuestro máximo potencial, muchos prefieren acomodarse y vivir en el *conformismo*. Con lo que tienen están tranquilos y satisfechos. Para ellos sobrevivir es ya una victoria demasiado grande. Aspirar a más es una angustia innecesaria. Prefieren conformarse con ese espacio reducido que les provee las condiciones agotadoras de su estilo de vida que salir del conformismo y conquistar su verdadera realidad.

La causa por la cual muchos individuos no alcanzan a avizorar ningún nivel de éxito en sus vidas o un nivel de plenitud más acorde con su verdadera condición de campeones es la mentalidad conformista. La verdadera razón que explica por qué hay tanta pobreza social, tanta haraganería deambulando por las calles, tantas necesidades no cubiertas y tantos individuos exigiendo tanto del Gobierno y aportando tan poco, es la mentalidad conformista, la cual consiste en vivir dentro de unos límites mentales que impiden proyectarse a nuevas dimensiones, a ser más osado y atrevido, a crear y desarrollar formas y estrategias para el crecimiento personal, para alcanzar el verdadero potencial y conquistar sueños y propósitos.

La gente siempre anda buscando explicaciones sobre por qué su vida no progresa lo suficiente y por qué sus planes no salen como pretende. Se excusa diciendo que el Gobierno es malo y no crea oportunidades para el pueblo, se queja de la mala educación de las instituciones académicas, acusa a las multinacionales de no producir verdaderas condiciones para generar empleo, reniega de los políticos porque al fin de cuentas deberían ser ellos quienes mejoren nuestro nivel de vida, pues "para eso votamos por ellos".

¡Excusas! ¡Excusas! ¡Excusas!

Somos demasiado osados para culpar a todo el mundo sobre el porqué nuestra vida no progresa lo suficiente, pero no somos lo suficientemente honestos para reconocer que las verdaderas razones del estancamiento están dentro de nuestras cabezas, en esa mentalidad conformista que nos impide pensar en grande.

Estoy totalmente convencido de que si las personas deciden firmemente salir del establo conformista y asumen una actitud competitiva frente a las oportunidades que tienen, otra sería la historia que tendríamos para contar.

Por eso, en vez de estar renegando del Gobierno, de la crisis económica, de la delincuencia y de la falta de oportunidades, de la corrupción de los políticos y de todo aquello en lo que encuentres un motivo para justificar tu falta de avance y progreso, reniega de tu conformismo, quéjate de tu pasividad, revisa los límites que les has puesto a tu mente y a tus ideas, y renuncia a seguir en esa falsa seguridad que da vivir encerrado en el conformismo. Tienes una herencia y un linaje que representar, y con esa actitud pasiva no lo vas a lograr. Debes salir a correr en la pista que tu Padre celestial ha dispuesto para ti, pues así demuestras que verdaderamente por tus venas corre sangre de reyes.

Por otro, lado están quienes prefieren asumir una actitud de indiferencia frente a su condición de campeones. Esa es otra de las muchas causas de por qué nuestra vida no avanza, no crece ni suma logros memorables: la indiferencia, un estado de ánimo en el que no se experimenta emoción ante ninguna situación, y esa ausencia de emoción impide que el motor de nuestras motivaciones se encienda y genere movimiento.

El problema con la indiferencia es que vuelve a las personas inconscientes de sí mismas. Les roba la capacidad de percepción, de ubicación, y la comprensión de su condición como hijos de un Rey maravilloso y de que han sido llamados a reinar sobre cualquier situación.

A alguien que vive en la indiferencia y ha hecho de esta actitud su zona de comodidad y seguridad le da igual si es de día o es de noche, si hace sol o si llueve, si es blanco o es negro. Nada les conmueve de su conformismo, de su postración. La indiferencia es un veneno que paraliza el ánimo y el corazón; es el óxido que impide que la rueda de las motivaciones gire apropiadamente y al ritmo que debería hacerlo.

La indiferencia es una de las peores deformaciones del carácter humano porque lo hace insensible frente a sí mismo, frente a los demás, frente a su entorno, y, lo más triste, lo insensibiliza completamente frente a su destino. La indiferencia te roba la capacidad de experimentar agrado por lo que eres y de sentir pasión por tu futuro. La indiferencia convierte en ignorantes a las personas, condenándolas así a la mediocridad y la pobreza.

Si hasta este momento la indiferencia ha sido la zona de comodidad en la que pasabas tus días y tus noches, en completo desentendimiento de la realidad que Dios ha planeado para ti, revierte esa mala actitud; toma la decisión de levantarte y correr a tu verdadero lugar; sacude tu mente y tu corazón de ese letargo maligno y comienza a alimentar tu mente con los pensamientos de Dios. Cambia el desinterés por la atención y decide ser quien realmente debes ser.

Tu mente no fue creada para estar llena de silencio e indiferencia. Tu corazón no fue diseñado para albergar frialdad y pasividad. Dios te dio tu corazón para que lo llenes de pasión y de actitudes conquistadoras. Si decides salir del estado frío, hosco y maloliente de la indiferencia, la vida cobrará otro sentido para ti, te enfrentarás a tu verdadero yo y a tu verdadera esencia, lo mejor de ti será evidente y otra historia de vida más digna comenzará a redactarse a tu favor. Recuerda que para salir de la indiferencia no necesitas una gran emoción. Con una pequeña decisión basta. Sólo di: "*Renuncio a la indiferencia*", y verás cómo tu realidad cambia de prisma, cómo tu mejor ángulo quedará expuesto.

Otros han convertido el facilismo en su estado de comodidad. La actitud facilista es otro de los grandes obstáculos que impide que muchos vivan plenamente su linaje y su herencia. Facilismo es querer hacer las cosas pero no pagando el precio verdadero; es cuando quiero lograrlo todo a *mi* manera, aunque tenga que sacrificar la excelencia. El facilista dice "*Quiero llegar al podio, pero no quiero correr toda la carrera*".

El facilista, contrario al indiferente, no renuncia a su herencia y su linaje. No renuncia a un nivel de vida más alto y abundante. Los facilistas son conscientes de lo que son, de dónde están y a dónde quieren llegar. El problema con ellos es que no quieren asumir el costo de la victoria. Quieren pagar menos por el triunfo y hacer cero sacrificios. Quieren disfrutar su posición de vida al máximo, pero con una mínima inversión. En otras palabras, quieren llegar a ser grandes pero a través de obras pequeñas.

¿Cuántas personas conocemos en esta situación? Realmente no hace falta forzar mucho la vista para verlas. ¡Están por todos lados! Su deseo de figurar es inversamente proporcional a su intención para pagar el precio suficiente. Los facilistas hacen mucho ruido, alardean demasiado de lo que pueden llegar a hacer, pero sus métodos y estrategias contradicen sus palabras.

Siempre he dicho que no hay peor fastidio que un facilista arrogante. Por naturaleza los facilistas son intimidantes con las palabras. Siempre están hablando de grandes proyectos, inmensas hazañas y tremendas planificaciones. Pero pocas veces se les ve avanzar o concretar, porque no quieren pagar el precio que implica un proceso arduo y combativo.

A los facilistas no les gusta luchar. Eso sí, les encantan los laureles de la victoria, pero sin combatir. Y si combaten, no lo hacen en las zonas que indiquen mayor peligro, ni en la vanguardia, ni en la retaguardia; prefieren la comodidad del centro, ir tranquilos entre la protección de los verdaderos guerreros. Los facilistas siempre querrán llegar a la meta, pero llevados por el impulso de otros. No les interesa generar su propio impulso porque eso significa desgaste y un sobreesfuerzo mayor al que están dispuestos a asumir. Por consiguiente, no es de extrañar que este tipo de personas no tenga problema alguno en romper ciertas normas, saltar algunos límites de vez en cuando, o hacer determinadas travesuras con tal de lograr sus objetivos sin tener que hacer demasiado esfuerzo. La gente que quiere lograr todo de manera facilista no camina recta ni íntegramente; en consecuencia, no cuentan con el favor de Dios, porque Él no aprueba la actitud del que se ha torcido, ni avala sus actos.

El facilismo no es el camino que Dios diseñó para que lleguemos a nuestro lugar de destino. Dios no dijo: "*Sean flojos y aprovéchense del esfuerzo de otros*". ¡Todo lo contrario! Dios ordenó: *¡Esfuércense y sean valientes! (Josué 1:7).* Ese es Su estándar para conquistar, esa es Su receta infalible para lograr el éxito: esfuerzo y valor. Estos son dos atributos que los facilistas no poseen, pero es lo que Dios exige de ti y de mí si realmente queremos habitar en tierra de bendición y abundancia.

Los facilistas siempre se las ingenian para buscar sustitutos a esos dos atributos. Ellos prefieren la flojera en vez del esfuerzo, y la astucia en lugar del valor.

Flojos y astutos. Así son los facilistas. Flojos para emprender, para actuar, para pensar, para concretar, pero astutos a la hora de pretender y aspirar. Su astucia es tan grande que siempre encuentran una forma ingeniosa, cobarde, de pegarse a un esforzado y sacar provecho de su correcta actitud. Lo interesante es que su astucia siempre quedará en evidencia y su flojera siempre será retribuida justamente.

Mateo 25 cuenta la interesante historia de diez vírgenes. Cinco de ellas eran prudentes, es decir, esforzadas y valientes. Las otras cinco eran insensatas; entiéndase insensatas como flojas y astutas. Estas últimas tomaron sus lámparas, pero por la pereza decidieron no buscar aceite, porque pensaban que no lo necesitarían. Las esforzadas y valientes, en cambio, tomaron sus lámparas en una mano y en la otra la vasija con el aceite, por si acaso se demoraba la velada y sus lámparas necesitaban una porción extra. Efectivamente, se alargó la espera y las diez vírgenes se durmieron. Sobre la media noche por fin alguien anunció la llegada del esposo y las diez vírgenes se levantaron para preparar las lámparas y recibirlo. Infortunadamente las cinco vírgenes flojas y astutas vieron cómo sus lámparas estaban apagadas porque el aceite se había consumido. Y haciendo alarde de su astucia pretendieron suplir su necesidad con el aceite de las otras cinco vírgenes, las esforzadas y valientes, quienes se negaron a darles de su aceite y más bien les aconsejaron que ellas mismas fueran a comprar aceite para sus lámparas. Pero mientras las insensatas iban por el aceite el esposo llegó a la casa y entró a las bodas con las vírgenes prudentes, y se cerró la puerta. La historia culmina diciendo que después llegaron las vírgenes insensatas, y por más que rogaron para que las dejasen entrar a las bodas, la puerta nunca se abrió para ellas. Creo que la historia de estas vírgenes es demasiado clara como para tener que hacer un esfuerzo mayúsculo a la hora de sacar conclusiones y hacer parangones.

Todo cuanto quiero decir es que el facilismo siempre terminará mal. Las puertas de las oportunidades se cerrarán y no habrá astucia ni malicia capaz de abrirla. El facilismo es, por lo tanto, la vía más directa a quedar excluido, es decir, por fuera de las grandes oportunidades.

No importa qué tan buena, grande y efectiva sea tu lámpara; si no te preocupas por llenarla con el aceite del esfuerzo, el valor y la perseverancia, no habrá puertas abiertas para tus sueños, planes o deseos. Las puertas del favor de Dios, de Su gracia y Su cuidado, están abiertas solo para quienes no improvisan ni esperan cómodamente a que los demás les resuelvan su falta de planeación.

Comienza a correr ahora

No sé en cuál de los tres estados mencionados estés cómoda y plácidamente desperdiciando tus mejores años y tus mejores oportunidades. Pero ya sea tu estado banal el del conformismo, la indiferencia o el facilismo, debes despertar de tu adormecimiento y sacudir tu estado de postración. Empieza a correr hacia el lugar que Dios dispuso para que demuestres tu herencia y tu linaje.

Ya es hora de dar el salto real y definitivo. Es tiempo de romper los paradigmas y las mentiras que te han hecho permanecer aislado y renegado en tu húmedo y rústico estancamiento personal.

De ahora en adelante tu actitud debe ser: "*Tengo demasiado potencial como para quedarme aquí encerrado desperdiciando mi vida. La sangre real corre por mis venas y voy a reinar sobre las circunstancias*". Las grandes decisiones en la vida comienzan dando un primer paso y este, sin duda, debe ser definitivo para que conquistes tus sueños.

El tiempo de la pasividad pasó. El tiempo de vivir marginados y completamente ajenos al propósito de Dios debe quedar atrás. Es hora de despertar y comenzar a correr. No hay más excusas que te detengan ni complejos que te bloqueen. Es cuestión de decidir.

Nada ocurre por accidente o casualidad. Mejor aun, todo ocurre por causalidad, por una razón. Incluso aquellas situaciones que no tienen una explicación lógica ni fueron agradables al alma, al cuerpo o a la autoestima. Todo cuanto viviste o experimentaste en tu pasado no puede constituirse en una excusa para la resignación y la duda. Dios puede usar todo ese bagaje de momentos y dificultades para pulirte y sacar lo mejor de ti. Decídete a dejar que Dios te inspire y guíe.

Deja de mirar únicamente los ángulos de tu vida que reflejan dolor, frustración, escasez, angustia y confusión, y empieza a concentrar tu atención en tus mejores y verdaderos ángulos: el de tu linaje y herencia real, el de tus fortalezas y habilidades, y el de esa historia en blanco que espera comiences a escribir según la carrera diseñada para los campeones.

No te intimides por los que corren a tu lado, mejor inspírate

Aunque los adversarios que corren contigo te parezcan gigantes invencibles, personajes casi sacados de una fábula mágica, y ante ellos luzcas como un punto minúsculo o quizá como una sanguijuela, no te intimides. Recuerda que tu fortaleza y tu condición no radican en tu apariencia o en la forma como te perciben los demás. Aunque tu exterior refleje debilidad y tu apariencia no cause impacto ante la mirada de la gente, recuerda que tu secreto no radica en las cosas que se ven, sino en aquellas que no están al alcance de la vista humana.

Mientras tus adversarios dependen de su fortaleza física y su capacidad de intimidar al oponente, tu fortaleza reposa en las palabras de tu Creador y sustentador: *No te dejaré ni te desampararé (Josué 1:5).* Dios cumplirá Su propósito en ti y no desamparará la obra de Sus manos. No solo por tu fortaleza o tus capacidades verás la luz de la victoria, sino que debes sumar tu esfuerzo y valor, más la gracia y el favor que Dios ha derramado sobre ti. Él fue quien puso desde antes de todos los siglos el sello indeleble de campeón sobre tu vida, y quien lo hizo es fiel para cumplir Su promesa y llevarte al lugar que mereces. Sin más, sigue corriendo. No te dejes intimidar.

En resumen, existen dos maneras de mirar a las otras personas: con los ojos de la intimidación o con los ojos de la inspiración. Cuando ves a alguien mucho más fuerte que tú y con una capacidad de conquista mucho más aventajada que la tuya, puedes hacer dos cosas: *intimidarte* o *inspirarte*.

Te intimidas cuando dices: "*No, nunca llegaré a ser como*

él. No, frente a él no tengo nada que hacer; mejor ni lo intento para no quedar como un cuero viejo". Y te inspiras cuando dices: "*Bueno, si él lo logró yo también puedo. Si él lo hizo, eso quiere decir que es posible*".

¿Notas la diferencia?

Dios permite que corramos con gente más grande y más fuerte que nosotros no para que nos intimidemos y renunciemos, sino para inspirarnos y desafiarnos. Él busca que saquemos nuestras mejores reservas y nuestras mejores actitudes para que conquistemos un nivel de vida más alto. Pero cuidado: *inspiración* no debe confundirse con *envidia*.

Mientras la inspiración produce en ti vida, energía, fuerza de voluntad, motivación y otras actitudes afines, la envidia causa recelo, ansiedad, malicia y motivaciones erradas.

De modo que mi invitación final es que aceptes tu verdadero linaje y herencia. Dios, el Rey de reyes, es tu padre y tu sustentador. Ya es tiempo de que esta verdad sea el modelo de tus acciones y la fuerza que te inspire a salir de los límites que trazan las circunstancias de tu pasado o tu presente.

Capítulo 7

EL PODER DE ASOCIARTE CORRECTAMENTE

El que con sabios anda sabio se vuelve; el que con necios se junta saldrá mal parado.
—PROVERBIOS 13:20

SIEMPRE HE SOSTENIDO que el camino que conduce hacia el éxito y la plenitud de vida no se recorre en solitario. Nadie que ha conquistado logros memorables o ha escalado hasta las cimas asombrosas de la realización personal lo ha hecho sin la intervención de otras personas.

Por experiencia propia sé que detrás de un gran triunfo está el aporte tangible e intangible de muchas voluntades. Y esto ocurre porque no somos islas desiertas, o botes solitarios en el vasto y ancho mar de la vida. Nuestra vida, nuestro carácter, nuestra visión de la realidad y nuestra historia personal son consecuencia de una asociación natural con otros individuos. Nunca somos lo que somos por la mera exposición a la realidad, sino la consecuencia de una interacción espontánea o consciente con otros individuos.

El desarrollo humano siempre estará ligado a las relaciones y a las asociaciones voluntarias con nuestro prójimo. Por naturaleza somos relacionales. Es mediante las relaciones como construimos patrones de comportamiento, desarrollamos conciencia colectiva e individual del significado de la vida misma y encontramos una razón verdadera para vivir a plenitud lo que somos. Dios no nos creó como individuos aislados los unos de los otros. Es cierto que nos hizo únicos, singulares y con características particulares, pero nos estructuró de tal manera que nuestro crecimiento y desarrollo estuviera estrechamente ligado a la forma como nos asociamos con otros individuos y construimos patrones relacionales.

¿Qué quiero decir con esto? Que el éxito, las metas, los triunfos y los sueños que nos ocupan no son solo el producto de una actitud mental, de lo que pensamos y aspiramos ni tampoco es solo la culminación de la intención humana expresada en acciones individuales. Los logros y el éxito están ampliamente conectados a la forma como nos relacionemos o vinculamos con otros individuos. De la manera como nos asociemos depende en gran medida el tamaño y la calidad de nuestras conquistas.

Por lo tanto, no es solamente manteniendo un actitud mental positiva, o cultivando un buen nivel de disciplina y esfuerzo personal como lograremos el nivel de vida que soñamos y veremos el cumplimiento de nuestros sueños.

Un ingrediente vital en el proceso de conquistar nuestro destino y nuestra herencia aquí en la Tierra es el de las relaciones. El cómo y el con quién nos relacionemos tiene mucho que ver con el cómo lo haremos y el a dónde iremos.

Puedes tener grandes sueños, la mente llena de buenas intenciones e ideas, la actitud de un campeón y la disciplina de un atleta, pero si tus relaciones no son las apropiadas, el camino de ascenso se te complicará.

No hay estado que distraiga más el proceso de un soñador que una relación inconveniente. No hay tranca más feroz en la rueda de los sueños que una mala asociación. El asunto es tan serio que a lo largo de las Escrituras encontramos alertas en este sentido. En el proverbio que cito al principio de este capítulo (Proverbios 13:20) es evidente esta advertencia, pues dice resueltamente que quien ande con sabios se vuelve como uno de ellos, pero quien se asocia con un necio inevitablemente sale mal librado.

En la Biblia abundan los casos de personas que perdieron importantes oportunidades por haberse involucrado en una mala relación. Una de las historias más estruendosas y dignas de tomar como un mal ejemplo es la vida de Josafat. Él era un hombre bueno, íntegro y justo ante los ojos de Dios. Pero este rey tenía una fuerte debilidad que lo hizo tropezar en su vida y perder grandes oportunidades: *era dado a relacionarse mal y a establecer alianzas incorrectas.*

El segundo libro de Crónicas cuenta que hubo un tiempo en el cual Judá prosperó poderosamente durante el reinado de Josafat. Mientras este rey se mantuvo íntegro de corazón y confió en Dios, Judá se hizo una nación invencible y poderosa; tanto, que ninguno de sus enemigos vecinos se atrevió siquiera a considerar mostrar algún gesto de hostilidad hacia el pueblo de Josafat.

La nación de Judá experimentó paz, tuvo abundancia material y caminó confiada bajo el amparo y el favor del Señor. Pero de pronto la debilidad en el corazón de Josafat lo hizo cometer una torpeza, que lo llevó a asociarse con Acab, el perverso rey de Israel.

Josafat pensó que entrar en una relación de amistad y parentesco con este rey corrupto pasaría inadvertido y no generaría ninguna consecuencia para su vida o la del pueblo de Judá. No obstante, pasado algún tiempo, las cosas para Josafat comenzaron a complicarse. Los enemigos que nunca habían considerado levantarse contra Judá empezaron a planear la guerra, de manera que el sentido de paz que reinó en Judá por largo tiempo comenzó a desvanecerse y el pueblo sintió cómo el favor de Dios se alejaba. De un momento a otro el sentido de protección y seguridad se transformó en preocupación y amenaza.

Gracias a Dios Josafat recapacitó y entró en una actitud de arrepentimiento. Dios lo escuchó y lo libró de sus enemigos.

¿Aprendió Josafat la lección de una mala asociación?

Uno esperaría que sí; que después de semejante susto Josafat hubiera aprendido la lección. Pero no es eso lo que dice la Escritura. Un capítulo más adelante la Biblia narra que después de que pasaron estos acontecimientos la debilidad de Josafat en cuanto a hacer malas alianzas quedó en evidencia nuevamente cuando estableció amistad y un convenio comercial con Ocozías, el rey perverso que sucedió a Acab en el trono de Israel.

Nuevamente las consecuencias de una mala asociación no se hicieron esperar y la desaprobación de Dios recayó con toda su fuerza sobre la alianza comercial entre Josafat y Ocozías.

El verso 37 del segundo libro de Crónicas, capítulo 20, dice literalmente: *Por haberte aliado con Ocozías, el Señor destruirá lo que estás haciendo.* Y en efecto la destrucción llegó. Los barcos naufragaron y se quebró la compañía naviera.

Las malas asociaciones siempre terminan con balances negativos. No hay una manera más eficaz y pronta de acabar con un proyecto de vida que aliarse con quien no conviene.

Escoge bien con quién te relacionas

La clave de las buenas relaciones consiste en comprender claramente que para alcanzar nuestro propósito no es indispensable conocer a muchas personas, sino a la gente clave. Si procedes con rectitud, con seguridad esa gente llegará a tu vida, sin esfuerzo ni manipulación.

Las personas claves son puertas que si se abren correctamente, se abren para presentes y futuros propósitos; es decir, son recursos maravillosos para suplir las demandas de tu visión. No obstante, uno de los principales desafíos que nos plantea esto de las relaciones, tiene que ver con saber distinguir de qué personas tengo que alejarme y a cuáles tengo que acercarme. Cuando tenemos claridad en este sentido, hemos dado sin duda un salto trascendental en el camino de ascenso hacia la cima de la conquista.

Es claro que existen amistades que aportan bastante a nuestras vidas, y otras que desgastan y distraen. Por esa razón debemos tener cuidado a la hora de establecer vínculos de amistad, y hacerlo con sabiduría y prudencia.

Muchos entienden la amistad como un vínculo únicamente del corazón, como algo que se acepta indiscriminadamente, sin considerar realmente el costo y el beneficio que esto acarreará en todos los sentidos. A veces creemos que la amistad es solo corazón y espontaneidad, donde hay mucho de emoción y poco de razón, pero dejamos de lado otros aspectos importantes, como saber si esa amistad es correcta o no.

Una de las pautas clave para saber distinguir entre una amistad productiva y una improductiva es el que denomino *el principio de la compatibilidad*. Este principio tiene que ver con tener unos estándares de vida claros por los que me rijo y autodetermino. En ese sentido todas mis relaciones tienen que estar ajustadas a ese principio de compatibilidad, porque de lo contrario no habrá armonía ni una interacción sana con mis amigos.

De modo que si todos tuviéramos bien definidos unos parámetros de compatibilidad, sabríamos realmente escoger bien nuestras amistades y establecer sabiamente relaciones en todos los aspectos (amistad, lo sentimental, lo comercial, lo laboral, etc.), evitando así desgracias, infortunios, todo tipo de complicaciones y malos entendidos. Si realmente hiciéramos caso al parámetro de la compatibilidad, todas nuestras relaciones tendrían el sello de la armonía y la sana comunicación.

Proverbios 4:23 dice: *Sobre toda cosa guardada, guarda tu corazón; porque de él mana la vida.* Creo firmemente que esto implica no solo guardar el corazón de una relación sentimental inconveniente, sino también protegerlo de una amistad tormentosa y dañina, así como de una relación comercial con alguien que no comparta tus valores que termine arrastrándote a acciones corruptas o prácticas censurables.

Reitero una vez más: no hay peor enemigo de tu destino que una falsa amistad. Las malas amistades cuestan demasiado en términos de energía, tiempo, enfoque y motivación. Pero para equilibrar la regla debo decir también que no existe mejor aliado de nuestro destino que un amigo fiel y verdadero. Las buenas amistades aportan mucho a nuestro desarrollo en términos de afirmación, aprobación, protección y dirección. Por esta razón Dios nos alerta sobre no andar por la vida abriéndole el corazón a todo el mundo, a no estar haciendo alianzas a diestra y siniestra con personas que pueden distraernos del camino.

Es importante que cuando se te presente la oportunidad

de establecer una nueva amistad con alguien, tengas la prudencia de consultar primero el parámetro de la compatibilidad. Mira un poco más allá de su apariencia física, su ánimo jocoso y su personalidad abrumadora. Mira más al fondo, examina su carácter, en dónde está cimentado su corazón y qué principios inspiran su vida. Examina sus pasiones y encontrarás cuál es el combustible que alimenta su espíritu. Recuerda que parte del favor de Dios para tu vida es la habilidad de discernir los tiempos y las intenciones de las personas. Jamás te dejes llevar por las apariencias ni por los logros extraordinarios. No dejes que tu entusiasmo se desborde más allá de lo debido, ni permitas que la curiosidad te aleje a zonas desconocidas. En otras palabras, mantén siempre el control, la cordura y tu integridad, y verás que siempre te rodeará lo mejor.

¿Cómo saber cuándo alejarme?

Antes de responder a esta pregunta te recuerdo que eres un ser especial creado por Dios para un propósito y un destino. Por ende, debes aprender a vivir tu vida con responsabilidad y compromiso para poder llegar a desarrollar tu máximo potencial. Pero ese compromiso se vuelve real y verdadero cuando sabes escoger qué tipo de personas serán parte de tu círculo de amigos.

Pero, ¿cómo saber cuándo una amistad o una relación no me convienen? Te daré algunas pautas. ¡Lee con atención!

1. Cuando una amistad me demanda más energías de las que me aporta

Todos los amigos y todas las relaciones demandan un grado de compromiso, dedicación y emoción. De lo contrario, ninguna relación de cualquier tipo sería posible. Una relación sin demandas sencillamente no puede ser. Sin embargo, cuando las demandas de una relación, cualquiera que sea, se desbordan o desequilibran, entonces la situación ya ha cruzado los límites de lo natural y habrá que ponerle atención.

Cuando un amigo demanda más cuidado, atención, afirmación y aprobación de la que tú recibas de él, hay que prestarle atención y sacar conclusiones. No significa que tengamos que ser legalistas y andar con una balanza en la mano para saber cuándo se pierde la proporcionalidad y en consecuencia tomar acciones. No quiero tampoco decir que para que toda relación funcione correctamente debe regirse por la norma del 50-50. No.

Es comprensible que existan tiempos o determinadas circunstancias en las que un amigo demande más energías de las que te aporta. Quizás esa persona está atravesando por una crisis grave de cualquier índole, de modo que su situación te obligue a dedicarle más tiempo, solidaridad y compañía de la que eventualmente esa persona te brinda. No me refiero a eso. Me refiero es a la tendencia de demandar más energías de las que te aportan. Hay personas que todo el tiempo viven de crisis en crisis: Crisis emocionales, crisis de identidad, crisis laborales, crisis espirituales Crisis en todos los sentidos. Las personas que siempre están en aprietos demandan demasiada atención, y es acerca de esto a lo que me refiero.

Una amistad que siempre está demandándote energía en todos los sentidos, que está consumiéndote emocional, física y espiritualmente, pero está aportándote poco en tu desarrollo, inevitablemente es una amistad inconveniente. Los amigos que constantemente viven en un nivel de demanda superior no son buenos para tu salud integral, porque te desgastan y distraen en el camino. Cuando las energías y fuerzas que deberías estar usando para construir tu sendero de ascenso hacia la cima de la conquista, tienes que gastarlas en amistades complicadas para tratar de ayudarlas a salir de sus crisis permanentes, tendrás un retraso enorme en la carrera de tus sueños y propósitos. Esto a menos que seas psicólogo o consejero y tu meta principal en la vida sea ayudar a los amigos desventurados y en situaciones complejas. Pero si no te sientes cómodo con esa posición en la amistad porque sabes que está costándote un sobreesfuerzo, entonces es hora de emprender la retirada. ¿Egoísmo? ¿Deslealtad? No. Simplemente lealtad contigo mismo y con tu destino.

Las amistades que no impulsan sino que distraen no son buenas y se deben revaluar.

2. Cuando una amistad o relación desestabiliza mis principios

Una segunda pauta para discernir cuándo es tiempo de alejarte de una persona es cuando te confunde moralmente. Hay personas realmente brillantes en todos los sentidos, menos en uno: *en el moral.*

Son inteligentes, tienen una personalidad arrolladora, son agradables, genuinas, sinceras, con un sentido del humor único, sus vidas inspiran bastante; a diferencia de las del primer grupo, no te demandan tanto, sino que, por el contrario, te aportan muchísimo en entusiasmo, pasión por la vida, camaradería y un sinnúmero de cualidades que las hacen bastante interesantes. Pareciera que toda su vida fuera un faro de luz, pero no es así, porque aunque por fuera son brillantes y resplandecen como un sol, por dentro, en su alma, hay oscuridad.

No importa cuán interesantes, inteligentes y agradables

sean tus amigos; si su carácter moral no es compatible con tus valores, tarde que temprano esa incompatibilidad será notoria y te creará tensión y confusión.

No es suficiente argumento para entablar relaciones de amistad o de cualquier otra índole el simple hecho de que la persona tenga determinados valores, o ciertas actitudes y aptitudes que para ti resulten irresistibles. No importa cuánta gracia encuentres en su trato ni cuánta luz en sus actos de amistad si su corazón está en tinieblas en términos de carácter moral; en algún momento esa oscuridad te alcanzará.

Por eso la Escritura nos alerta a no hacer amistad con personas que tienen su alma cimentada en una dimensión ética y espiritual totalmente opuesta a la nuestra. La razón por la cual la Biblia nos previene es porque esa clase de amistades son peligrosas y nocivas para nuestro desarrollo personal integral.

Una amistad que no te afirma en tus valores, que no es compatible con tus creencias, que no tiene la misma fuente de inspiración existencial que la tuya, simplemente no tiene las condiciones necesarias para entrar en comunión contigo.

Muchas personas creen que la amistad es simplemente cuestión de química, compañerismo y jovialidad, y que las conductas trascendentales no importan mucho a la hora de relacionarnos con alguien. Sin embargo, sí importan, y mucho. Más de lo que pensamos o calculamos. Toda amistad genera ligaduras emocionales y un flujo de interacción que nos hace vulnerables en todos los sentidos.

Para empezar, ¿qué es amistad? Hay muchas maneras de definir este término desde el ángulo de la sociología o la filosofía; pero desde el ángulo de la psicología pragmática la amistad es la simbiosis de dos términos: *afluencia* e *influencia*.

Afluencia, porque en las relaciones de amistad íntimas y significantes confluye todo lo que somos como personas, nuestras motivaciones esenciales, nuestros paradigmas del estilo de vida, el bagaje que nos configura como seres humanos, lo que creemos y pensamos de la vida y la fuerza moral con la que dimensionamos la realidad.

Influencia, porque en mayor o menor escala la amistad nos marca y nos determina poderosamente. Cuando escogemos los amigos y entramos en una constante interacción con ellos, inevitablemente quedamos expuestos ante lo que ellos son. Inconscientemente nuestra mente y alma absorben parte de su esencia, sus valores y su filosofía de la vida. Los amigos influyen más de lo que se cree, y por eso no se puede hacer cálculos apresurados a la hora de entablar nuevas amistades, porque nos puede costar muy caro en términos morales.

Está demostrado que en determinadas épocas de la vida, la influencia de los amigos en nosotros es más fuerte y determinante que la influencia de los padres, los maestros y los líderes espirituales. La fuerza de atracción de los amigos es tan poderosa, que si no se sabe dimensionar y regular apropiadamente, puede absorber nuestra personalidad por completo y convertirnos en seres completamente alienados y diferentes a lo que fuimos en algún momento.

Tienes que echar un vistazo alrededor para constatar que esto que estoy diciendo no es mera teoría sino la descripción de una realidad concreta. Los amigos pueden echar a perder nuestra realidad y deformar la herencia y el destino de Dios para nosotros. Los amigos más peligrosos, en este sentido, son aquellos cuyos valores morales forman un veneno voraz capaz de acabar con los tuyos. Esto puede sonarte demasiado radical, y a lo mejor llegues a pensar que es virtualmente imposible asumir este parámetro como una norma o patrón de vida, porque tal vez piensas que no podemos ir por la vida preguntándole a la gente en qué cree y en qué no para poder saber si debemos extenderle la mano en señal de amistad.

Por supuesto que no es esa la idea que quiero transmitir. De una u otra manera siempre vamos a estar relacionados con personas y compañeros que no tienen nuestros mismos valores, que no comparten nuestra filosofía de vida ni tienen los estándares morales que tenemos. Pero no es este tipo de interacción espontánea la que nos debiera preocupar. Diariamente a nuestra vida entran unas personas y salen otras. No obstante, los niveles de afluencia e influencia son mínimos y no representan mucho para nosotros.

Tengo que decirte que la mejor forma de comprobar cuándo debes alejarte de una relación inconveniente, es cuando tu capacidad de afluencia es inferior al de la influencia. Si lo que aportas en una relación es menor a lo que recibes en términos de influencia positiva, entonces es hora de reconvenir antes de salir mal librado, antes de que tu vida termine alienada a una forma de vida que contradice tus principios. Jesús nos mandó a ser luz y sal en todo tiempo y circunstancia, incluso entre los amigos. Pero si tu luz es despreciada, ignorada y tenida por indigna, y a cambio su oscuridad es demasiado fuerte y tentadora, entonces es mejor activar los mecanismos de preservación y emprender la retirada. Si lo haces así, jamás resbalarás en territorios peligrosos.

3. Cuando una amistad o relación no es aliada de mi futuro

Como dije, existen amigos y determinadas relaciones que pueden ser nuestros peores obstáculos para conquistar el destino que soñamos.

Hay amistades encantadoras, pero que distraen. Existen relaciones muy agradables para el presente, pero poco productivas en cuanto al futuro.

Una amistad que no te afirma ni se convierte en un punto de apoyo fuerte y decisivo para que avances hacia tu meta no es una amistad productiva.

Los amigos verdaderos alegran, dan compañía o te ofrecen su lealtad. Los verdaderos amigos son aquellos que se preocupan por tus sueños, metas y proyectos y se ofrecen voluntariamente para darte ánimo e impulso durante las jornadas arduas y difíciles.

Los amigos que no son aliados incondicionales de tu futuro ni encuentran ninguna motivación o emoción en lo que haces, muy seguramente se convertirán en elementos distractores. Buscarán la forma de robarte el enfoque y modificar tus prioridades.

Este tipo de amigos son los que debes evitar y no tomar en serio. Alguien que no es capaz de tomar con seriedad tus sueños e ideales de vida ni encuentra un punto de identificación en ellos tampoco merece ser llamado amigo, y menos que lo hagas parte esencial de tu vida.

Los buenos amigos no son los más graciosos o entretenidos ni los que más tiempo comparten con nosotros o los que más generosidad demuestran. El buen amigo es aquel capaz de saltar los límites de lo superficial para mirar otras facetas importantes de la vida, para desafiar e inspirar acción y progreso.

Las amistades productivas no son aquellas que se basan en alabanzas inocuas y triviales melosidades. Todo lo contrario; el buen amigo reprende, exhorta, habla claro y pide cuentas de nuestros actos. Los buenos amigos nos refrescan la memoria cuando perdemos el hilo de nuestros pensamientos y nos despiertan cuando parecemos "dormirnos en los laureles".

Una amistad que no demuestra un nivel de compromiso real y verdadero con lo que aspiramos lograr en el mañana sencillamente se convierte en una distracción en medio del camino.

Aléjate de aquellos que no inspiran progreso

John Maxwell suele decir, con mucha razón, que los dos carriles que nos llevan lejos en la vida se llaman transpiración e inspiración.

La transpiración se refiere al esfuerzo personal, a la actitud combativa y valiente para luchar contra las circunstancias y vencer los obstáculos. Transpirar significa poner lo mejor de sí mismo para lograr un ideal y cumplir un sueño. Es lo que Dios llama esfuerzo y valor llevado a la acción y a la máxima potencia. Transpiración habla de movimiento, acción y avance. La gente que conquista metas y acumula triunfos no es gente que se está quieta, no son personas que tienen una actitud de espectadores nada más, sino que se ven y se conciben a sí mismas como actores estelares de la vida y por lo tanto asumen su papel con propiedad y carácter. Ellas transpiran pasión y enjundia por lo que son y por lo que hacen y, en consecuencia, ninguna meta las amilana o las intimida.

La inspiración, en cambio, tiene que ver con las causas

que nos hacen transpirar. Toda lucha, todo esfuerzo y toda intención llevada a la acción son producto de una inspiración. Es el efecto de una causa que mueve todos mis sentidos y los enfoca hacia una dimensión específica.

La inspiración siempre nos llevará hacia las personas. Cuando miramos alrededor y vemos individuos que por sus logros y hazañas se convierten en íconos de éxito, en modelos y paradigmas dignos de imitar, entonces nuestro sentido de la inspiración comienza a trabajar poderosamente por todo nuestro ser. Es como una llama que se enciende en el alma e ilumina la penumbra de la inconsciencia, le da un nuevo sentido a la existencia humana y le agrega otro cariz y otro tinte a la voluntad de las personas.

La inspiración es un desafío directo a la voluntad para imitar y actuar de acuerdo con el patrón que nos inspira. Es una tentación irresistible a caminar en pos de esa misma dimensión de grandeza y plenitud y es un estado de conciencia superior, en que nuestra actitud se percibe más grande y poderosa que la realidad personal.

Por consiguiente, la gente a la que debo acercarme para establecer algún tipo de amistad o relación debe ser aquella que ME INSPIRE ACCIÓN.

Las personas que no transpiran vida, movimiento, acción, progreso y pasión no deben inspirar más que lástima y compasión, jamás imitación. La gente que no transpira actitudes de vida sanas no pueden ser los modelos de nuestra inspiración, porque inevitablemente nos convertimos en aquello que nos inspira. Y si tu objeto de inspiración es una persona carente de vitalidad, estática y raquítica en términos de progreso y ascenso, entonces ese será el modelo de tus acciones y el estándar de tu destino final.

En ese sentido, Dios debe ser, por lógica simple, la

principal fuente de nuestra inspiración. Él es transpiración e inspiración. Cada uno de Sus rasgos transpiran vida, pasión y amor por Su Creación. No concebimos un Dios quieto, silente y pasivo, que mira con desgano el universo y al ser humano. Todo lo contrario, Dios es acción pura, y cada una de Sus obras es un toque de excelencia y creatividad.

Por eso no hay mejor relación posible que la relación con el Creador. ¿Qué te inspira Dios? ¿Miedo? ¿Desconfianza? ¿Recelo? ¿Indiferencia? ¿Lejanía? Eso es lo que Dios inspira en muchos corazones. ¿La razón? Porque no lo conocen como realmente es, porque su manera de aproximarse a Él es por medio de una mentalidad prejuiciada o a través de un conocimiento errado sobre Su carácter.

Pero cuando nos acercamos al Padre celestial de la manera correcta, nos damos cuenta de que Dios transpira e inspira grandeza, respeto, admiración y devoción. Dios es un ser tan infinitamente admirable y confiable que no existe la más mínima razón para desconfiar o alejarse. Cuando lo conocemos, no queremos estar lejos de Él ni caminar lejos de Su patrón de excelencia. Lo vamos a imitar y escuchar con prontitud y obediencia, porque sabemos que Su consejo es garantía absoluta de éxito. Hay dos razones poderosas por las que Dios debe ser tu principal fuente de inspiración: *Él es Dios y es tu Padre.*

Dios no solo es digno de imitación por el hecho de que es el dueño absoluto del universo y el ser más grande y honorable sino porque además es tu diseñador. Él, más que nadie, sabe cuáles son las claves que te configuran, los hilos que te tejen y la gracia que te habilita para conquistar y poseer. En ese sentido, no existe asociación más poderosa sobre la Tierra que la asociación que puedas tener con Dios a fin de lograr en ti un nivel de inspiración tan grande y poderoso que te haga transpirar poder y pasión por tu vida y por el destino honroso que te espera.

El Evangelio de Juan habla de que nosotros estamos destinados a vivir en comunión con el Padre celestial, porque para eso fuimos creados: para vivir en una relación íntima con Él. Pero apartados de Él nada podemos hacer. Nada de lo que Dios quiso y soñó para tu vida será posible si tu primera fuente de inspiración no es Él.

Podría darte mil motivos por los cuales debes convertir a Dios en la principal fuente de tu inspiración y transpiración, pero no me alcanzarían tres tomos para hacerlo. Confío en que tu buen sentido de persuasión y tu capacidad de observación te guíen por esa verdad incontrovertible de que si caminas en amistad con Dios todo se te dará, pedirás y recibirás, llamarás y se te abrirá, soñarás y despertarás en el paraíso de plenitud y realización que tu Padre creó para ti.

Querido lector, nunca te asocies con aquellos que no transpiran progreso ni inspiran acción y conquista. Haz que tus modelos de vida sean quienes representan al máximo estos dos rasgos vitales en un triunfador. Asóciate con personas cuyo estilo de vida te haga transpirar, cuyos logros te inspiren, te entusiasmen y te motiven a seguir su misma senda. Lee buenos libros acerca de aquellos individuos que han dejado huella y han llegado lejos en la vida a través de esos dos carriles.

La inspiración es uno de los grandes ingredientes que nos permiten alzar vuelo, soñar y emprender. Cada vez que permites que todos tus sentidos se llenen del fresco y terapéutico aroma de la inspiración, tu voluntad y estados de ánimo entran en una nueva dimensión de poder y grandeza. Comienzas a transpirar actitudes de esfuerzo y valor y sientes que todo cuanto sueñes puede llegar a ser realidad.

Capítulo 8

VIDA EQUILIBRADA CON RESULTADOS SOSTENIBLES

Bienaventurado el hombre que tiene en ti sus fuerzas, en cuyo corazón están tus caminos.
—SALMO 84:5

LA GENTE QUE triunfa en la vida y que tiene éxito en los proyectos que emprende no es la que se preocupa por llenar su mente de conocimiento, o se interesa por buscar excelente asesoría y buenos consejos, o tiene una habilidad especial para discernir las oportunidades y saber cómo y cuándo actuar. Muchas veces pensamos que el éxito es cuestión de carisma, talento puro y una dosis de buena suerte o bienaventuranza. Pero no. La gente triunfadora no solo se esfuerza por mantener una actitud mental positiva o por acumular información acertada en relación con sus intereses. Las personas exitosas también se preocupan por mantener una disciplina espiritual que les permita cultivarse interiormente y alimentar el alma con una fuente de sustento más poderosa que el poder que otorga el conocimiento.

Los seres humanos somos integrales. Somos mente, alma y cuerpo. Cada uno de estos componentes requiere unos cuidados particulares para que todo nuestro ser se desarrolle a cabalidad y en armonía. Es más: un estilo de vida pleno y exitoso es viable cuando nuestro desarrollo ocurre en integral armonía. Pero cuando esta armonía es diferente y crecemos en desequilibrio, alcanzamos un nivel poco alto para asegurar la plenitud y la madurez personal.

De esta armonía e integralidad es de lo que habla el apóstol Pedro: *Precisamente por eso esfuércense por añadir a su fe, virtud; a su virtud, entendimiento; al entendimiento, dominio propio; al dominio propio, constancia; a la constancia, devoción a Dios; a la devoción a Dios, afecto fraternal; y al afecto fraternal, amor (2 Pedro 1:5–7).*

El consejo del apóstol Pedro es contundente y consistente. El desarrollo personal no puede ser disparejo, desenfocado y sin armonía. Somos seres hechos en tres partes diferentes, cada área del ser requiere un sustento y ese sustento debe ir relacionado con las otras áreas de nuestra vida. Sin embargo, existen muchas personas que no se preocupan por cultivar una vida integral; solo se concentran decididamente en suplir un nivel primario de su necesidad.

Muchos creen que el vehículo que los lleva lejos en la vida, que los transporta a niveles superiores de grandeza y prosperidad, se llama conocimiento. Para ellos aprender y conocer es el secreto del progreso, y entonces asumen como meta prioritaria llenarse de la mayor cantidad de información posible. Y aunque es bueno y necesario prepararse en el ámbito intelectual, debemos comprender que el ser humano no es solo intelecto o razón.

El problema con los que creen que en el conocimiento está la clave para triunfar es que reducen su condición humana a mente, intelecto y razón. Ignoran que el ser humano es mucho más que neuronas e información. Por lo general este tipo de individuos se sumergen tan profundamente en el estudio que descuidan las otras partes esenciales de su ser, creando así unos desbalances inconvenientes para un desarrollo armonioso e integral.

Otro grupo de individuos cree que el ser humano es más que intelecto y conocimiento. Ellos saben que también hay un alma que cuidar, que de hecho es en ella donde está el asiento de la plenitud humana y que el secreto para llegar lejos en la vida está en la manera como sustentemos el alma. Tienden a ver la realidad desde una perspectiva más espiritual que intelectual. Para ellos no es tan importante lo que sabes sino lo que crees. Para ellos hay una diferencia abismal entre el saber y el creer, y por supuesto su inclinación natural es hacía creer, hacia la fe como la herramienta principal para conquistar.

Las que están enmarcadas en este cuadro son personas que desarrollan una relación con Dios, que intentan genuinamente hacer de su fe su máxima prioridad de vida y a través de su experiencia de fe tratan de conquistar un nivel de vida superior y acorde con sus expectativas. Sus lemas de vida favoritos son: "Todo es posible para el que cree", "Si tienes fe, lo lograrás". Están sinceramente convencidas de que todo cuanto el ser humano necesita para triunfar es fe, es decir, creer y esperar en el favor de Dios, pero sus actitudes no suelen trascender mucho más allá de simplemente confesar bendición y de almacenar versos y promesas de prosperidad y bendición.

El problema con estas personas es que reducen la realidad humana al ámbito espiritual, dejan de lado que además de espíritu también somos mente y cuerpo y que vivimos en una realidad física, viven tan hondamente su fe que la mayor parte del tiempo se la pasan leyendo la Biblia, escuchando mensajes que alimenten su fe o asistiendo a reuniones en las motivan a desarrollar nuevos y más abundantes niveles de fe Y solo eso. No van más allá, no se ponen en acción.

Existe un grupo intermedio entre los que creen que la base de la plenitud humana radica en el conocimiento y los que opinan que radica en el espíritu: se trata de quienes afirman que está en la fe y la experiencia espiritual y creen también que el cimiento para encontrar el éxito y un nivel de vida superior es la virtud, lo que equivale a hábitos sanos de vida y una disciplina personal consistente.

Los pertenecientes a este grupo no son tan espirituales ni tan racionales; por lo tanto, son más flexibles en sus posturas, más relajados en su manera de encarar la vida, porque para ellos la mejor manera de ser felices y plenos en la Tierra es desarrollar una vida disciplinada, cultivar el orden y las buenas costumbres y mantenerse alejados del estrés, de los conflictos y las tensiones. Este tipo de personas son realmente agradables, buenas amigas y humanistas, y su máxima prioridad en la vida no es acumular riquezas sino vivir plenamente cada instante en paz y en armonía con ellas mismas y los demás. Son extremadamente tolerantes y poco dogmáticas. Les encanta hacer ejercicio, ir al gimnasio, asistir a cursos de comida sana, ir al club, y como son extremadamente sensibles ante el dolor humano, siempre se las ve en actividades humanitarias y todo aquello que implique ayudar al prójimo, porque para ellas la verdadera plenitud y realización está en esas acciones.

El problema con ellas es que reducen la vida a la búsqueda del bienestar, la paz y la tolerancia, por encima de las creencias y los valores absolutos. Como para estas personas no existen las definiciones religiosas, no se identifican con ninguna pero las aman todas. Hoy pueden ser cristianas, mañana budistas y ateas el fin de semana. Su volatilidad espiritual es increíble, pero a ellas no les importa mucho, porque su verdadera religión es su propio bienestar.

¿A cuál de estos tres grupos deberíamos mirar con mayor respeto y consideración? ¿Cuál de estos tres prototipos reúne más ingredientes de veracidad y por ende está más cerca del ideal de Dios, de Su idea original? Ninguno de los tres. Cuando la verdad se disgrega y se adoptan solo algunos de sus sesgos, deja de ser verdad para convertirse en sofisma. Las más grandes mentiras se crean a partir de una verdad disgregada convertida en sofisma. Nunca una verdad asumida en parte puede alimentarnos adecuadamente o proveernos un sentido de garantía absoluta.

Según el apóstol Pedro, la fe es el primer escalón de ascenso hacia una vida integral y plena, pero no es el único. Hay muchos otros escalones para llegar a la cima de la montaña. Pedro describe esa meta o final del proceso utilizando la palabra más grande que existe sobre la faz de la Tierra: AMOR. Pero no plantea que el amor sea un fin en sí mismo, o la culminación de un esfuerzo. Lo que Pedro afirma es que para construir una vida integral y acceder a un buen nivel de abundancia y plenitud es necesario seguir los parámetros del amor. El amor debe ser el elemento integrador, el faro que ilumine e inspire la fe, el carácter, los conocimientos y los otros elementos subsecuentes.

El amor debe ser el eje sobre el que se edifiquen la fe, la virtud y el conocimiento, pues si estos tres actúan por fuera del eje se convierten en armas de doble filo, en la excusa perfecta para hacer barbaridades. Pero cuando el amor es el eje funcional de nuestra integralidad, entonces sucede lo que Pedro dice más adelante, en el verso ocho. Él dice que si crecemos en armonía e integralidad, es decir, cultivando una vida de fe, virtud y conocimiento, jamás vamos a caer en la inutilidad y la improductividad.

Según el apóstol, la clave para tener una vida productiva y útil está enmarcada en tres elementos: la fe, la virtud y el conocimiento, actuando proporcionalmente y en estrecha correlación.

En este sentido debo decir que una fe que no nos impulsa a crecer en virtud y conocimiento y que no nos lleva a profundizar en los otros niveles es una fe inocua, vana y en consecuencia inútil e improductiva. Pero el conocimiento sin fe y virtud tampoco sirve de mucho en términos de rectitud, porque termina arrastrándonos a dimensiones peligrosas.

Para una mejor comprensión, te lo explicaré a partir de tres ecuaciones:

La fe sin virtud y conocimiento es igual a simple religiosidad.

La religiosidad es consecuencia de una orientación desenfocada de la fe. Muchas personas creen que viven una vida plena y fructífera porque cultivan una fe en particular, porque profesan con devoción determinada doctrina religiosa y porque se convirtieron en militantes decididos de ella.

Pero la mera religiosidad no determina que una persona es realmente íntegra, completa y fructífera. De hecho, muchas personas religiosas tienen vidas confusas, estériles y desorientadas curiosamente, a causa de su fe.

Conozco a muchos individuos que al acercarse a una fe en particular empiezan a actuar como si perdieran el sentido de la realidad. Se convierten en seres místicos y viven como en una burbuja de fantasía y abstracción. Ya no les importa más, por ejemplo, el trabajo, porque dicen: "Dios proveerá. Si Él alimenta a las aves, también me alimentará a mí". Se vuelven vagos y flojos y se justifican a sí mismos diciendo que deben ocuparse más de las cosas espirituales que de las terrenales. Asumen una actitud tan religiosa que se vuelven chocantes y fanáticos. Consumen el tiempo distraídos en "cosas espirituales" porque creen que la vida se reduce a vivir en un éxtasis religioso, olvidan que también son cuerpo y alma y que deben cumplir con obligaciones terrenales como trabajar, relacionarse y desarrollar integralmente sus habilidades.

Tristemente, por causa de una fe mal enfocada, sin el complemento de la virtud y el conocimiento, estas personas se convierten en individuos pasivos frente a la vida. Parecen extraterrestres, seres de otros mundos, que en lugar de inspirar respeto y atracción se convierten en objeto de rechazo y burla.

Querido lector, una fe que no trasciende más allá de sí misma es religiosidad o misticismo. La fe que no genera acción, actitudes y progreso es vana, inconsistente y perversa.

Los fariseos eran parte de este grupo. Tenían una gran fe, pero sus obras eran tan miserables que todo el mundo los reprochaba y nadie los consideraba con respeto. El mismo Jesús los increpó y los trató de sepulcros blanqueados, hipócritas y falsos.

La fe sin virtud y conocimiento nos convierte en seres insensibles, en déspotas prejuiciados con una capacidad tremenda para juzgar a los demás y poner cargas pesadas en las personas. La gente religiosa tira la piedra y esconde la mano, es muy poco piadosa y para nada humilde. Estas personas siempre andan haciendo alarde de una espiritualidad superior y se sienten amas y dueñas de la verdad; por lo tanto, no son enseñables ni dóciles de carácter.

¿Has visto gente así?

La gente que no pasa del primer escalón en la fe, que se aferra solamente a cultivar una experiencia religiosa o mística pero se olvida de la virtud, el carácter y el conocimiento, se vuelven sectaria. No aporta mucho a la sociedad, ni a sus familias, ni siquiera a su propio desarrollo personal. Su grado de alienación es tan grande, que es fácil de manipular por cualquier guía espiritual.

Conocimiento sin fe y virtud es igual a materialismo.

Cuando una persona se preocupa solo por cultivar su intelecto, por ampliar su mente en términos de conocimiento, y olvida cultivar la vida de fe y la disciplina personal en el crecimiento de su carácter, inevitablemente acabará presa de una filosofía de vida materialista.

El materialismo es una tendencia demasiado extendida en el mundo y la mayor causante de la desintegración social que experimenta el ser humano contemporáneo.

Nunca la humanidad había estado tan expuesta al conocimiento como hoy en día, y curiosamente tampoco en ninguna época como ahora el ser humano había experimentado tanta destrucción moral y tanta degradación. La razón de esta paradoja está en el hecho de que el conocimiento sin fe y sin virtud es el arma más peligrosa y destructiva que existe.

Cuando la mente de un individuo crece y se expande constantemente a nuevos niveles del conocimiento pero su alma y su espíritu permanecen en un estado de subdesarrollo, ese desequilibrio tarde o temprano hará que pierda estabilidad y tropiece y caiga estruendosamente.

Dios nos creó como seres integrales con una mente para pensar y crecer en conocimiento, pero también con un corazón virtuoso que necesita desarrollar carácter e identidad y con un alma que necesita un sustento espiritual eterno que solo es posible mediante una vida de fe bien enfocada.

Aunque hoy tenemos avances tecnológicos asombrosos, mayor acceso a la información y a la educación y el hombre ha experimentado unos grados muy altos de desarrollo en términos materiales, nada de esto ha servido para mitigar los vacíos profundos del alma y del espíritu de esta sociedad. Como en ninguna otra época, la juventud actual se siente perdida existencialmente hablando y completamente huérfana en términos morales y de identidad. La falta de valores y éticas de vida claras como faro de dirección ha hecho que las personas pierdan el sentido de la orientación, a tal punto que ya no hay una verdad que seguir, sino múltiples "verdades"; ya no hay unos absolutos de vida que obedecer, sino una relativización de los principios.

En consecuencia, el ser humano ya no sabe en qué creer o en qué reposar su ser interior, y por lo tanto, se muestra indiferente a esa ausencia de patrones de vida en los cuales arraigarse.

Ya no importa si tenemos una fe o si nos ocupamos de cultivar el carácter y la identidad; lo más importante es conocer, desarrollar el intelecto y expandir las capacidades para acumular información, porque es en el conocimiento donde está la clave del desarrollo personal. Esa pareciera ser la declaración de fe del ser humano actual y su única motivación de vida.

Pero dado que, repito, el ser humano no es solo mente, sino también cuerpo y espíritu, ¿cómo mitigan las personas fieles a esta corriente los vacíos y el desequilibrio en su desarrollo? La mejor manera que hallan de cavar los vacíos de identidad y las necesidades del alma y del ser interior y las necesidades adicionales es a través del materialismo o consumismo.

Pero el materialismo como respuesta a las necesidades del alma y del carácter humano es un contrasentido bárbaro, porque el materialismo exagerado sirve para extraer las peores inclinaciones humanas: su egoísmo, su vanidad, su insensibilidad y su rebeldía. Las necesidades del alma son tan grandes que el materialismo es una minucia frente a los requerimientos internos del ser humano. Recuerda: el alma humana es tan grande que solo se llena con eternidad.

No es malo poseer cosas materiales, ni progresar multiplicando los bienes. Pero cuando el materialismo se convierte en el estándar que rige y gobierna las pasiones esenciales de vida, entonces se convierte en una trampa destructiva. Solo Dios puede llenar verdaderamente al ser humano, proveerle ese sentido de plenitud y seguridad que tanto anhela. Y la manera que Dios ha provisto para que alcancemos ese sentido de llenura, de desarrollo integral, es cultivando una vida de fe, desarrollando carácter e identidad y creciendo intelectualmente.

Virtud y conocimiento sin fe es igual a humanismo.

El problema con el humanismo como corriente filosófica o doctrina de vida es que convierte al hombre en el eje del universo, destrona a Dios y Sus ordenanzas de su lugar tutelar y por consiguiente ofrece una cosmovisión errada.

La misión principal del humanismo es la felicidad del ser humano aquí en la Tierra, crear las condiciones sociales y físicas apropiadas para que las personas sean felices y convivan en armonía unas con otras. Según esta filosofía, para encontrar este sentido de plenitud y desarrollo el ser humano no necesita ni de Dios ni de religiones ni de verdades absolutas, pues tiene en sí mismo la capacidad de desarrollar su potencial para lograrlo, y todo lo que debe hacer es utilizarlo correctamente por medio de la libertad y del libre desarrollo de la personalidad.

No es de extrañar, entonces, que el humanismo sea la materia prima del ateísmo y el agnosticismo. Todos los ateos y los agnósticos del mundo llegan a esa posición seducidos por el humanismo, cuando se convencen de que la máxima misión del hombre es ser feliz en la Tierra y de que eso es posible cuando el ser humano deja de creer en una deidad superior y otras fuentes superiores. Para ellos toda forma de religión o creencia es un obstáculo que limita el verdadero desarrollo del hombre, y por ende, para poder lograr las condiciones de armonía entre los seres humanos hay que extirpar de sus conciencias e imaginarios la idea de cualquier Dios, de cualquier forma de creencia, porque en las diferentes formas de la religión está la causa del subdesarrollo humano.

Cada vez hay más personas atraídas por estas filosofías, porque son bastante seductoras. Cuando a un joven se le ofrece la posibilidad de encontrar su destino en la Tierra sin necesidad de practicar ningún rito, sin necesidad de someterse a ningún parámetro de moralidad superior, sino sencillamente siguiendo el instinto humanista de conquistar su propio espacio por medio del conocimiento de sí mismo y de las leyes naturales, le resulta irresistible; por esta razón el humanismo es la tendencia que más crece entre la juventud.

Pero algo que debes saber es que la raíz del humanismo es la rebelión. La idea de que se puede ser feliz y pleno sin Dios no es algo nuevo, aunque se nos ofrezca con empaque de modernidad y novedad, pues esta misma creencia fue la trampa con la cual el Enemigo sedujo a Adán y Eva en el Paraíso. A ellos también se les ofreció la idea de que el ser humano puede encontrar plenitud por medio de sí mismo, conociendo y experimentando, sin necesidad de someterse a ninguna ley Superior o a ningún Dios regulador. Y bueno, sabemos de memoria las consecuencias de esa rebelión.

La idea de que podemos ser felices, plenos y desarrollar al máximo nuestros potenciales aquí en la Tierra sin necesidad de una vida de fe, sin la "interferencia" de Dios, es una torpeza y es una ilusión. El ser humano no es un animal superior, como el humanismo predica. Somos seres espirituales que viven en cuerpos físicos, y en consecuencia, necesitamos un sustento espiritual, y cuando nos falta, sencillamente nuestro desarrollo carece de equilibrio y de balance.

Dios nos creó con la necesidad de conocimiento, motivo por el cual nos dio una mente y una razón para que pudiésemos conocer y aprender de la realidad y tener conciencia del mundo físico. También nos dio un alma con necesidades eternas. Tu corazón solo se llena con eternidad. Ni los lujos, ni el placer, ni la vanagloria de esta vida, ni el amor entre los esposos, los novios, los padres, los amigos, ni ningún otro beneficio temporal es capaz de suplir la necesidad espiritual del alma. Como solo Dios puede llenarla, la mejor forma de satisfacerla es cultivando una vida de fe genuina, consistente y coherente. No es por medio del misticismo, el fanatismo o la religiosidad sin sentido como el ser humano encuentra la plenitud del alma. Solo mediante una relación íntima con el Creador nuestra vida encuentra propósito y sentido.

Pero también tu Padre celestial te dio un carácter y una identidad que debes desarrollar y madurar por medio de la disciplina y los actos virtuosos. Por medio del esfuerzo y la dedicación aprendes a conocer lo que eres y lo que puedes llegar a ser. Cultivando hábitos de vida sanos y viviendo en armonía con los que están a tu alrededor aprendes a sacar tus mejores reservas y a pulir las áreas difíciles de tu carácter.

Una disciplina espiritual completa es, por lo tanto, la única manera de ganar altura y ascender al monte de la bendición y la realización. Como hemos visto, la disciplina espiritual incluye el crecimiento en la formación del carácter y la identidad y la madurez espiritual e intelectual. Si nos desarrollamos integralmente en estas tres dimensiones, llegaremos a disfrutar plenamente de la realidad del amor y la abundancia desde aquí hasta la eternidad.

Capítulo 9

LIMPIA EL CAMINO PARA QUE VEAS TU HORIZONTE

¿Con qué limpiará el joven su camino?
Con guardar su palabra.
—SALMO 119:9

AVANZAR SE HACE difícil cuando no quitamos los obstáculos del camino.

La hazaña no consiste en correr sin descanso, o con ansiedad y desesperación. En una carrera hay periodos en que corres a la velocidad que marcan tu capacidad y tu actitud, pero también hay otros momentos en que la marcha disminuye porque estás cansado y necesitas un respiro, o bien porque ciertas condiciones temporales han hecho intransitable tu camino. En estos lapsos debes parar un momento para dedicarte a quitar los obstáculos que te impiden ver hacia el horizonte al que te diriges.

Dios no quiere que corras indiferentemente, ignorando las cosas que pasan a tu alrededor. Él desea que hagas tu carrera hacia la victoria a conciencia, con entendimiento, observando el panorama y disfrutándolo cuando está despejado y libre de obstáculos, y siendo prudente y reflexivo cuando el camino se ha hecho difícil a causa de las dificultades que lo limitan.

Dios tiene una voluntad buena, agradable y perfecta para tu vida. Hay un horizonte de grandeza y favor que

Él ha diseñado para ti, pero Su condición para que puedas conquistar ese horizonte de abundancia es que cuides que tu camino esté limpio, que dediques parte de tus esfuerzos a despejar tu senda y allanar tus pasos.

La voluntad de Dios para nosotros, repito, es agradable y perfecta, y es en esa dimensión donde Él quiere que corramos la carrera. Pero cuando nuestro caminar se frena por los obstáculos o algún tipo de residuo abandonado a nuestro paso, el caminar no es agradable ni perfecto. No hay nada más desagradable que ir por un sendero lleno de aves muertas, baches fangosos o pedregosos, y cualquier otro tipo de materia. No solo porque entorpece la marcha sino porque nos impide disfrutar las bondades del paisaje, y en última instancia, porque nos desgasta más de lo necesario.

Los obstáculos en el camino se deben a nosotros mismos. Son consecuencia de nuestros errores e imperfecciones. El hecho de que la voluntad de Dios sea agradable y perfecta para nosotros no significa que todo en nuestra vida sea agradable y perfecto. No. Incluso puede ser todo lo contrario. A veces somos tan imperfectos y algunas áreas de nuestra vida son tan desagradables, que cuando decidimos mirarnos en el espejo de la sinceridad, nosotros mismos nos repudiamos.

A veces queremos avanzar, ganar distancia en la carrera, acercarnos a la meta, pero en vez de ello sentimos que avanzamos poco, que nuestros pasos se frenan y que tropezamos donde menos pensamos, porque el camino está sucio. El consejo de Dios en estos casos es que en vez de seguir marchando te dediques a limpiar tu camino. Pero, ¿cómo hacerlo? Hay que consultar el manual del atleta y seguir las pautas que este indica en cuanto a cómo hacerle mantenimiento a nuestra senda. En las Sagradas Escrituras está toda la información para hacer que nuestro caminar sea recto y limpio de objetos que entorpezcan el andar.

La Biblia no es una guía de sugerencias, es el manual del fabricante

Muchos se arrojan a la aventura de realizar la carrera de sus vidas, basados únicamente en su propia confianza y capacidad de sortear los obstáculos. Pero no se dan cuenta que en el camino a veces hay estorbos que nos cierran el paso completamente y que no se pueden mover con las manos o las buenas intenciones. Muchas veces la solución no está en nosotros ni en nuestra habilidad para resolver conflictos; a veces se requiere una retroexcavadora para mover el derrumbe de piedra y lodo que nos sorprende en algún tramo del camino.

¿Qué hacer ante esta situación, cuando los obstáculos superan nuestra capacidad de reacción y maniobra? ¿Quedarnos atascados, retroceder o buscar una solución contundente fuera de nuestra propia confianza?

En esta circunstancia Dios te dice: *Lámpara es a mis pies tu palabra y lumbrera a mi camino (Salmo 119:105)*. Pero lo interesante del asunto es que la Escritura no solo es lámpara, faro o manual. También es pala y pico, y cuando se quiere y se le permite puede llegar a ser la retroexcavadora más poderosa.

El consejo de Dios en las Escrituras no solo tiene el poder de guiar y dirigir tu vida hacia el horizonte de la gracia y el favor que Él escogió para ti; también tiene la capacidad de limpiar tu camino y allanarlo de los obstáculos que te cierran el paso y bloquean tu destino.

Por eso cuando el salmista pregunta: "*¿Con qué limpiará el joven su camino?*", hay un punto y seguido entre la pregunta y la respuesta. No hay duda al responder: "*Con guardar tu palabra*". No es "con mi confianza y guardando tu palabra", o "con mis habilidades y guardando tu palabra", o "con la ayuda de otros y guardando tu palabra". No. Resueltamente dice: "*Con guardar tu palabra*".

Por encima de tus habilidades, de tu confianza y de la ayuda de otros está el poder de la Palabra de Dios como único elemento capaz de limpiar tu camino y despejar tu horizonte.

Nuestra vida llegará a ser agradable y perfecta, según la voluntad de Dios para nosotros, en la medida en que nos sometamos a Su consejo y lo convirtamos en el instrumento propicio para hacerle mantenimiento a la senda por la que debemos correr. Por encima de cualquier otro elemento consideremos la Escritura no como una simple guía de sugerencias que se puede consultar eventualmente según el estado de ánimo o la conveniencia, sino como el manual del fabricante y el único elemento capaz de mantener nuestro camino limpio y recto.

Identifica los obstáculos que debes quitar de tu camino

A causa de nuestra imperfección y predisposición a cometer errores nuestro camino se va llenando de basura, pesadas piedras y otra cantidad de elementos que con el tiempo hacen prácticamente intransitable la senda por la que avanzamos. El Enemigo de nuestro destino aprovecha ese desorden para sembrar duda, temor, cansancio e indisposición para continuar.

Quizá la razón por la que te sientes sin fuerza y sin energías para continuar es porque estás cansado de tratar de sortear obstáculos, de estar subiendo y bajando por el montón de escombros que has ido acumulando en tu vida. Dios desea enseñarte que Su voluntad no es que camines por un sendero lleno de basura y piedras. Dios quiere que tu camino sea limpio, despejado y agradable, y te ha dado una herramienta poderosa para que le hagas mantenimiento. Todo cuanto tienes que hacer es identificar los elementos que estorban tu andar diario y removerlos con el poder de Su Palabra.

Limpia el desorden de tu vida

Creo que uno de los principales obstáculos en nuestro caminar hacia el destino y la herencia que anhelamos es una vida desordenada. No hay defecto que obstaculice y bloquee más nuestra vida para correr hacia la culminación de una meta o un proyecto que el desorden en todas sus formas.

A veces somos tan desordenados en todos los sentidos que prácticamente nos hemos acostumbrado a vivir encima de una escombrera. Somos desordenados desde la manera como manejamos el tiempo hasta la administración de las finanzas. Hay desorden en la forma de alimentarnos, en cómo llevamos las relaciones, en cómo conducimos nuestra vida espiritual y hasta en la forma de vestir.

Una vida desordenada no avanza, se estanca. A veces la falta de progreso no está en la ausencia de recursos, talentos u oportunidades. A pesar de que Dios quiere que prosperemos y de que tú y yo también lo anhelemos, el avance no se da, y en algunos casos en vez de avanzar, aun cuando sea un poquito, sucede todo lo contrario: sentimos que retrocedemos. A lo mejor hay que buscar la causa en nuestro propio desorden personal. Si eres una persona que tiene serios problemas para manejar apropiadamente el tiempo, comienza por ordenarlo. No permitas que el tiempo te controle; contrólalo tú a él. Ponle disciplina a tu rutina diaria y verás cómo empiezas a recuperar tu capacidad de avance.

La gente emprendedora y exitosa no desperdicia el tiempo ni vive malgastando momentos valiosos en distracciones y vaguedades. Los triunfadores son disciplinados al administrar el tiempo. Se someten a una agenda, a unos horarios y a unas prioridades. Tienen una hora para acostarse y una para levantarse; tienen horas específicas para comer, para atender a los hijos, a la esposa, a los amigos, para atender asuntos personales, y saben exactamente cuánto tiempo deben invertir diariamente en su propósito de avanzar hacia la culminación de sus planes y proyectos.

El desordenado, en cambio, vive casi por instinto sus horas y sus días. No tiene horarios para acostarse y menos para levantarse. Una noche puede dormir doce horas seguidas y la próxima cinco. No vive por agenda ni prioridades, sino por libre espontaneidad y según se vayan desencadenando los acontecimientos. En consecuencia, siempre están cansados, estresados y con la frustración de no tener más horas disponibles para hacer lo que deben hacer.

Eso en cuanto al tiempo. ¡Ahora ni qué decir de las finanzas y los demás aspectos de su vida! Hay quienes son tan pésimos administradores del dinero, que no saben ni siquiera hacer un balance o un presupuesto. Gastan desaforadamente mientras tienen en el bolsillo, pero no prevén el mañana. Siempre andan al ras con ras, o prestando de aquí para pagar allá.

Si realmente queremos que nuestro camino sea limpio,

llano y venturoso, debemos erradicar el desorden de nuestras vidas. Si quieres avanzar con prontitud hacia la conquista de tu meta personal, comienza a ordenar todas las áreas de tu vida. Debes aprender a convertir el reloj y el calendario en tus aliados y no en tus enemigos. Aprende a usar la calculadora y la agenda. Aplica un poco de matemáticas a tus finanzas y súmales otro poco de sentido común y responsabilidad, y verás cómo tus presupuestos siempre estarán en equilibrio. Sométete a una agenda diaria y verás que al final del día estarás satisfecho y con paz en tu corazón. El Salmo 112:5 dice que el hombre de bien gobierna todos sus asuntos con juicio, razón por la cual no resbalará jamás.

Barre las malas influencias de tu vida

No solo el desorden en sus diferentes manifestaciones es un obstáculo para la vida de cualquier individuo; también lo son las malas influencias.

Una de las cosas que más nos bloquea el paso y entorpece nuestro caminar hacia la meta es no saber discernir el tipo de influencia a la que nos exponemos.

A lo largo de toda la Escritura encontramos centenares de alertas para que mantengamos el corazón alejado de los individuos inspiradores de maldad que nos seducen.

Así como en el arduo trasegar hacia la cima de la montaña, hacia el lugar de conquista y plenitud, nos encontramos con gente que nos inspira pasión, bondad, admiración y que es como un oasis de bendición e inspiración y nos fortalece para continuar una jornada más sin desmayar o flaquear, también nos encontramos con individuos cuyas vidas no inspiran bendición, ni aliento de victoria, ni paz, ni esperanza, sino todo lo contrario. Ellos no inspiran salud sino agonía, y en vez de esperanza, desolación. Son expertos en hablar con tal negativismo acerca del futuro y sobre su manera de ver el porvenir que sus palabras abruman, ensombrecen y debilitan.

Realmente el camino por el que debes transitar estará lleno de ese tipo de influencias, los profetas del miedo y la intimidación. Puedes verlos en televisión hablando sobre lo mal que está la economía mundial y cómo empeorará en los próximos años; los oyes por la radio pronosticando toda suerte de tragedias y desastres; los ves a diario hablando a través del tendero, del vecino, de aquel amigo experto en vaticinar tristezas y desencantos, o del jefe que siempre está amenazando con un recorte de personal porque la situación anda de mal en peor.

Las influencias negativas pululan por doquier, y si les pones atención y dejas que su aroma nauseabundo y rancio llene tus sentidos y tu corazón, de seguro perderás impulso y motivación en la marcha. Te sentirás desanimado y perdido, y el horizonte parecerá lejano e inaccesible.

Pero recuerda que tu destino y tu herencia no los determinan las circunstancias oscuras que envuelven la economía mundial, ni dependen de los pronósticos que hagan los profetas del desencanto y la desesperanza. Tu destino y tu herencia están seguros porque dependen de tu Creador y sustentador. Tu herencia y tu destino son más grandes que cualquier situación, y por eso debes mantenerte firme en tus convicciones y en tus intenciones de conquista. Si prestas atención a esas influencias negativas que abundan por todas partes, quedarás preso de sus palabras, y tus emociones y voluntad perderán impulso.

Cada vez que alguien te diga: "No te esfuerces tanto

porque no vale la pena" ni siquiera te tomes la molestia de responderle. No gastes energías tratando de darle tus razones a un pesimista, porque terminarás agotado, frustrado y enojado. Mejor aléjate y concentra tus pensamientos en tu herencia y tu destino. Piensa en esa voz interior que te dice: "Tú puedes porque *Yo Soy quien te esfuerza y te da pies como de cierva para caminar por las alturas sin resbalar" (Salmo 18:33).*

Recuerda que es con las palabras del manual del fabricante como limpiamos el camino y lo mantenemos iluminado con la luz de la esperanza y la fe.

Sacude tu mente de los recuerdos tormentosos

No hay piedras más pesadas en la mitad del camino que los recuerdos tormentosos, ni baches más fangosos que los malos recuerdos.

Si queremos avanzar por el camino con la confianza y la seguridad de que llegaremos a la meta, disfrutando de un caminar presuroso y diligente, debemos primero cerciorarnos del tipo de pensamientos que nos acompañan.

Cuando por alguna razón o circunstancia aún cargamos un recuerdo tormentoso y doloroso, tarde o temprano se convertirá en piedras cuyo insidioso peso nos estorbará el paso. Puedes tener todo el deseo y toda la intención y las energías necesarias para pelear y vencer, pero si no has hecho el ejercicio de renovar tu mente y limpiarla de todas las reminiscencias y los recuerdos dolorosos y desagradables, tendrás serios problemas a la hora de enfrentar determinadas situaciones.

Si hay algo que el Enemigo de nuestra alma y herencia sabe hacer bien es usar los recuerdos dolorosos del pasado en nuestra contra. Las armas favoritas del Señor de las Tinieblas son los momentos del pasado que todavía persisten y atormentan nuestros pensamientos. Él sabe cómo y en qué momento usarlos para sembrar inseguridad, tristeza e indignidad en nuestro corazón; para distraernos del camino y tentarnos a renunciar y regresar.

Es cierto que todos hemos sufrido en el pasado y hemos acumulado experiencias de las que no nos sentimos ni orgullosos ni felices. Es cierto que muchos hicimos cosas realmente vergonzosas desde todo punto de vista; actos que no solo nos acarrearon dolor a nosotros sino que afectaron a otros y les causaron dolor o resentimiento. Es imposible olvidar todo aquello que de una u otra forma nos marcó o determinó nuestro presente y la forma como percibimos la realidad. Cuando estos recuerdos continúan controlando tu autoestima, determinando tus estados de ánimo y condicionando tus emociones, entonces no eres una persona verdaderamente libre para encarar tu presente y tu futuro con la seguridad y la convicción de que vencerás y triunfarás.

No existe nada más dañino para la autoestima de una persona que la culpabilidad por los recuerdos tormentosos; no hay carga que nos haga sentir más indignos de la gracia y el favor de Dios que los remordimientos.

Cuando tus pensamientos te remiten al pasado para recordarte lo que fuiste o lo que hiciste y así dañar la imagen que ahora tienes de ti mismo con sentimientos de indignidad y rechazo, sientes un frenazo seco en tu caminar hacia ese nivel más alto y pleno de vida que tanto has buscado.

Es posible que en tu pasado cercano o lejano hayas cometido actos indebidos que te dañaron o afectaron a otros, o practicaste acciones incorrectas y censurables que el simple recuerdo te causa pena y vergüenza. O quizá fue a ti a quien dañaron o hirieron, causándoles con ello enormes grietas a tu autoestima y a tu alma. Sin embargo, recuerda que tu pasado ya no existe y que lo que hiciste o te hicieron ya no cuenta para tu presente y tu futuro. Dios borró ese historial doloroso de Su memoria; lo sepultó en lo profundo del mar y comenzó a escribir una historia digna y justa para tu vida. Por tanto, Él espera que tú también renuncies a ese pasado triste y doloroso y asumas tu nueva historia como la única y verdadera que cuenta para tu futuro.

Aunque Dios renunció a tu pasado indigno y desafortunado, el Diablo, nuestro enemigo en común, no lo ha hecho, y siempre que se lo permitamos tratará de usarlo en contra de nosotros para destruir nuestra autoestima y sembrar indignidad y duda en el corazón.

Querido amigo, si quieres que tu caminar sea más ligero y que la vitalidad aumente, no permitas que el Enemigo de tu destino use tu pasado en tu contra. Alguien ha dicho, con razón, que la mejor manera de no caer en el juego sucio del Príncipe de las Tinieblas es enfrentándolo decididamente cada vez que él quiera avivar recuerdos de tormento e indignidad. Por eso, cuando el Enemigo intente recordarte tu pasado, recuérdale su futuro *(Apocalipsis 20:10)*. Esta es la mejor manera de alejarlo de tus pensamientos. Es verdad que tuvimos un pasado marcado por la oscuridad y los actos desagradables, pero esto es solo una parte de la realidad. Tu pasado no describe ni determina lo que eres, pues lo que eres lo determina el futuro glorioso y bendecido que te espera. Dios no te relaciona con lo que hiciste, sino con lo que eres y harás.

Recuerda que ya hablamos de este asunto en otro capítulo, cuando dije que tu precio no lo determinan las victorias o derrotas que hayas vivido, sino las victorias que ganarás. Dios siempre te relaciona con tu presente y futuro, no con tu pasado.

Cada vez que el Enemigo traiga pensamientos de deshonra y descalificación párate firme y enfréntalo con valor. Compara tu futuro con el de él. Recuérdale lo que tú eres y serás y lo que él es y será. Te aseguro que de esa forma no volverá a usar tu pasado en tu contra.

Quita los obstáculos que bloquean tus relaciones

Otro obstáculo que puede bloquear tu caminar hacia tu meta y tu propósito es el conflicto en las relaciones.

Si no cultivas la armonía y la paz en tu forma de relacionarte con las personas de tu círculo íntimo, experimentarás cómo tus emociones y tu voluntad se dispersan, lo cual causa estancamiento y debilidad.

No puedes caminar libremente cuando no estás en paz y armonía contigo mismo y con los demás. Cuando el alma está resentida o existen nudos en nuestras relaciones, no fluimos apropiadamente ni podemos dar lo máximo de nuestras capacidades. Por eso es conveniente que mantengas una disciplina permanente de revisión y autoexamen para saber cómo estás dirigiendo tus relaciones. De esa forma siempre estarás a tiempo para hacer los correctivos necesarios y realizar los cambios indispensables. Así, tus relaciones se mantendrán libres de conflictos, resentimientos y toda forma de emociones encontradas.

La mejor forma de mantener siempre la armonía y la paz, en este sentido, es que revises los motivos de tu corazón y te escudriñes para saber si estás actuando con integridad. Llegar a ese nivel de autoconciencia se logra mediante preguntas así: ¿valoro lo suficiente a mis amigos como para darles la importancia que merecen en mi vida? ¿Les exijo más de lo que les doy? ¿Soy buen amigo solo cuando me conviene? ¿Me esfuerzo lo necesario para llevar mi amistad a nuevos niveles de crecimiento? ¿Soy detallista con ellos o simplemente espero que ellos lo sean conmigo?

Proverbios 18:24 dice que *el hombre que tiene amigos ha de mostrarse amigo*. Dicho en otros términos, la amistad no solo debe ser sino también parecer. La amistad se demuestra a través de actitudes permanentes de bondad y generosidad. Cuando procuramos la armonía por medio de las demostraciones de afecto, solidaridad y entrega, estamos evitando que nuestras relaciones se fisuren y derrumben. Así también evitamos los conflictos y las tensiones y viviremos a plenitud las amistades.

Como ya lo dije, no existe mejor aliado en el camino hacia la cumbre de la realización que los buenos amigos; no hay mejor compañía en la travesía que los amigos significativos y genuinos. Por eso debemos protegerlos y cuidarlos como tesoros. El proverbio que leímos nos da la clave para hacerlo: si demuestras amistad, recibirás gratitud y lealtad de tus amigos.

Otro aspecto de las relaciones que quiero compartir tiene que ver con la manera como nos relacionamos con nuestros padres. Para serte sincero, no existe peor obstáculo en el camino y barrera más pertinaz que mantener una actitud reacia y negativa hacia ellos. Es tan serio este asunto que la Escritura nos alerta con palabras mayores a ser conscientes de la importancia de honrar a los padres como la garantía de éxito en todos nuestros emprendimientos. *Efesios 6:1–3* dice: *Hijos, obedezcan en el Señor a sus padres, porque esto es justo. Honra a tu padre y a tu madre—que es el primer mandamiento con promesa—para que te vaya bien y disfrutes de una larga vida en la Tierra.*

Este pasaje dice que obedecer y honrar a los padres es garantía absoluta de bienestar, abundancia y salud. Hay que decir también que deshonrar y despreciar a los padres es garantía absoluta de malestar, pobreza y enfermedad.

A pesar de la seriedad con que la Escritura plantea el asunto de honrar y obedecer a los padres, muchas personas minimizan este asunto o lo consideran irrelevante a la hora de relacionarse con ellos. Por eso los irrespetan, los ignoran, tienden a ser despectivos con ellos y los contradicen. Efesios 6:1–3 dice "Hijos, obedeced en el Señor a vuestros padres, porque esto es justo. Honra a tu padre y a tu madre, que es el primer mandamiento con promesa; para que te vaya bien, y seas de larga vida sobre la tierra."

La gente joven, en especial, es muy dada a marcar fuertes diferencias de opinión con sus padres. Es dada a contradecir, rechazar y poner en entre dicho sus consejos. A la hora de tomar decisiones importantes en la vida tiene en cuenta los consejos de todo el mundo, menos los de papá y mamá. No piensa que la mejor manera de sembrar un camino de dificultades y torturas es asumiendo una actitud de indiferencia y deshonra con sus padres.

En este sentido es de mucha importancia que te cuente un secreto: puedes ser la persona más inteligente sobre la faz de la Tierra, puedes poseer atributos físicos sobresalientes capaces de causar la más honda admiración en los demás, puedes estudiar en la mejor universidad de la ciudad, tener la mejor actitud para alzar vuelo y conquistar grandes alturas en tu vida, pero si la relación con tus padres no es buena y si en tu corazón albergas sentimientos de deshonra y desobediencia para con ellos, no te irá bien en la vida. No importa que estés o no de acuerdo con esto. Es una ley espiritual que funciona, que determina en gran medida la clase de vida que tendrás.

Por eso valdría la pena que a la hora de buscar culpables de por qué no avanzamos o por qué nos sentimos atascados en mitad del camino, comenzáramos por evaluar cómo está nuestra relación con papá y mamá. Muchos culpan de su situación a la economía, la mala suerte, la falta de empleo, el calentamiento global, y justifican su falta de progreso en cualquier "argumento", pero no se dan cuenta de que las verdaderas causas de su mediocridad y poco florecimiento están en la relación precaria y conflictiva con sus padres.

Una vida en discordia con ellos inevitablemente bloquea nuestros sueños, opaca la bendición y el favor de Dios y nos impide fluir en esa dimensión de prosperidad y progreso que queremos. Quizá te suene exagerado, pero así es. Es una ley espiritual y no un capricho humano. Dios, el Creador del universo, condicionó tu bienestar, tu prosperidad y tu salud al tipo de aprecio y respeto que les des a tus padres.

Honrarlos es darles el lugar que ellos, según Dios, merecen en tu vida. Hay un lugar en la vida de las personas que solo papá y mamá merecen. Es un lugar exclusivo que nadie más puede ocupar porque está reservado, humanamente hablando, para los dos seres más dignos de admiración y respeto sobre el planeta: los padres. Del mismo modo que en tu alma hay un espacio tan hondo y sublime que solo Dios puede llenar, existe en esa misma alma humana un espacio vital que solo es compatible con la figura de papá y mamá. Tratar de ocupar ese espacio exclusivo con algún sustituto o con algo que se le aproxime es literalmente un exabrupto, una torpeza. Por consiguiente, deshonramos a los padres cuando les negamos ese espacio diseñado exclusivamente para ellos y les ofrecemos un lugar inferior en nuestra vida.

A veces las personas prefieren excluir a sus padres de ese lugar de privilegio para ofrecérselo a personas que no merecen esa dignidad. Quizá por alguna circunstancia, un mal entendido o una mala comunicación terminaste creyendo que tus padres no merecían ese lugar exclusivo en tu vida y preferiste bajarlos de nivel y ocupar tú mismo ese lugar tutelar. O tal vez le diste ese privilegio a otra figura importante en tu vida: tu novio, tu esposo, tus amigos. O sencillamente dejaste vacante ese lugar y creíste que haciendo las cosas de esa forma tu vida funcionaría mejor. Pues quiero decirte que lograrás el efecto contrario. Tu vida no funcionará mejor. Quizá ahora no sientas las consecuencias de ese impacto, pero te aseguro que en el momento que menos pienses verás las consecuencias de haber desplazado a tus padres de su lugar honroso en tu vida. Sentirás que los vientos de la bendición y el favor de Dios ya no fluyen como antes y ya no impulsan como anteriormente lo hacían. ¿La causa? Has transgredido el principal mandamiento con promesa.

Cuando no honras a tus padres y, en cambio, los quitas de ese lugar exclusivo en tu vida, estás diciéndole a Dios que no tiene la razón, con lo cual pones en entredicho Sus principios y actúas en desobediencia.

Dios les dio una dignidad especial a tus padres que nadie más puede ocupar, aun cuando creas que no tienen mérito para ello. Y la principal razón por la cual el Creador y Diseñador de tu vida dispuso ese lugar de honra exclusivo para ellos fue para darte un mecanismo de protección, para ponerle cauce a tu grandeza y evitar desbordamientos peligrosos.

Papá y mamá son el mecanismo natural de protección que Dios dispuso para ti. Ellos son alarma y vigía. Dios puso en ellos un radar espiritual capaz de detectar señales de peligro que tu mente es incapaz de percibir. Los padres saben cuándo estás andando por zonas de peligro y advierten cuándo tu vida se está aproximando a zonas de riesgo. ¿Cómo y por qué? Dios los dotó con una sensibilidad espiritual poderosa que actúa a tu favor. Papá y mamá son tus principales aliados, es decir, el refugio que el Padre celestial dispuso para que te desarrollaras con seguridad y esperanza. Entonces cuando decides eliminar o limitar su influencia en tu vida y rebajas su dignidad a una simple figura decorativa que se consulta y se valora cuando conviene o cuando realmente te sientes al borde del precipicio, entonces estás jugando con tu destino y haciendo experimentos peligrosos con tu vida.

La forma más eficaz de autodestrucción es deshonrar a padre y madre. Solemos pensar que debemos honrar a los padres solo cuando se lo merecen o cuando están de acuerdo con nuestros caprichos y deseos. Condicionamos la honra y la obediencia a si son agradables, alcahuetes, dóciles y manipulables. Pero ellos merecen honra y obediencia no por lo que hacen o dejan de hacer; esa dignidad les corresponde por el hecho de ser tus padres, y nada más.

No sé cómo está tu relación con tus padres. No sé cómo están tus niveles de honra y obediencia hacia ellos. Quizás has roto completamente cualquier interacción o vínculo, o lo has reducido a la mínima expresión. Probablemente sientes que ellos no merecen tu respeto y honra porque no fueron ni han sido ejemplares, o porque te hirieron tan hondamente que causaron un abismo entre tú y ellos. Tal vez no sea la rebelión o el egoísmo lo que ha roto tus lazos de afecto y armonía con ellos, sino los maltratos, los abusos y los abandonos que sufriste o estás sufriendo. A pesar de eso, siguen siendo tus padres y debes honrarlos, porque haciéndolo estás honrando a Dios, viviendo en armonía con Su diseño y por ende asegurando Su favor y bendición en tu vida.

Estas son algunas formas de afirmar su honra o devolvérselas:

- Perdona a tus padres si no han sido ejemplares como esperabas.
- Ámalos y respétalos aun cuando sean de difícil carácter y recias maneras.
- Sopórtalos con paciencia cuando sean caprichosos y tercos.
- Agradéceles siempre que tengas la oportunidad de hacerlo con una palabra, un gesto o un detalle.
- Acompáñalos con fervor cuando la soledad los amenace con mayor rigor.
- Escúchalos cuando te miren a los ojos y hablen a tu corazón.
- Comparte con ellos lo que hoy tienes, aunque pienses que no lo necesitan.
- Obedéceles siempre que te hablen con sabiduría y considera su consejo como la primera opción.

Si cultivas la honra y la obediencia y procuras vivir en armonía con tus padres, no solo estarás limpiando tu camino de la maldición de la pobreza y la enfermedad; también estarás garantizando el favor del cielo y los mejores frutos de la Tierra para tu vida y tu descendencia.

Capítulo 10

ELEVA TU RELACIÓN DE PAREJA AL MÁXIMO NIVEL

Ahora, pues, temed a Jehová, y servidle con integridad y en verdad; y quitad de entre vosotros los dioses a los cuales sirvieron vuestros padres al otro lado del río, y en Egipto; y servid a Jehová. Y si mal os parece servir a Jehová, escogeos hoy a quién sirváis; si a los dioses a quienes sirvieron vuestros padres, cuando estuvieron al otro lado del río, o a los dioses de los amorreos en cuya tierra habitáis; pero yo y mi casa serviremos a Jehová.
—Josué 24:14–15

Quiero dedicar este capítulo a las parejas y a las familias.

Como pastor soy consciente de que uno de los obstáculos más grandes en el camino que conduce a la plenitud y la excelencia son las relaciones familiares caracterizadas por los conflictos, la incomprensión, la mala comunicación y el irrespeto, especialmente entre esposos.

Nunca antes las relaciones de pareja han tenido que enfrentar tantos desafíos y tantas tentaciones como en esta época. Tampoco había sido tan difícil como en la actualidad construir familias sólidas y en armonía. Las familias y las parejas están experimentando verdaderos huracanes en lo moral, lo social y lo espiritual, que amenazan constantemente su estructura y sus fundamentos, la agrietan y la debilitan completamente.

Algunas estadísticas señalan que la tasa de divorcios casi supera el 70%. Y los que no se atreven a divorciarse han convertido su casa en un verdadero campo de batalla. El panorama tampoco parece ser muy alentador cuando nos descentramos de las relaciones de pareja y nos enfocamos en las relaciones familiares más amplias entre padres e hijos. Mírese por donde se mire las familias están siendo atacadas y bombardeadas por todos los frentes y por todo tipo de amenazas y enemigos.

De acuerdo con mi experiencia, las tres áreas donde se concentran las principales amenazas y ataques a la familia son la relación entre esposos, la crianza de los hijos y la estabilidad financiera.

En este capítulo quiero tratar específicamente la relación entre esposos por ser el eje y el fundamento de la familia. La forma como vivamos la relación en pareja determina el tipo de familia que formemos, la manera como eduquemos los hijos y, por ende, el tipo de vida familiar que tendremos en el futuro.

El plan de Dios para la familia es de abundancia, bienestar, paz y armonía, es que nuestras familias sean prósperas y robustas en todos los campos, es decir, en el ámbito moral, el espiritual y el financiero. Dios quiere que lleguemos al nivel más alto de excelencia y que conquistemos una herencia y un destino para nosotros y nuestros hijos. Sin embargo, la manera de conquistar esa dimensión de plenitud es poniendo en práctica algunos principios y claves que Dios nos ha dejado como faro y guía.

En relación con la vida en pareja quiero enseñarte cinco

principios elementales para fomentar la armonía, el respeto y el deseo mutuo.

No hay comportamiento que exaspere y desmorone más una relación de pareja que el desorden, la indiferencia y la monotonía. Estos tres ingredientes malos son en gran medida el caldo de cultivo donde se incuban la infidelidad, el desamor y la falta de compromiso. Por eso los principios que quiero compartirte tienen que ver con atacar estos tres factores desestabilizantes, a fin de crear un ambiente propicio y agradable para que las relaciones de pareja se fortalezcan y entren en una nueva dimensión de armonía y vitalidad. Si los practicas constantemente, de seguro experimentarás un nuevo despertar en tu relación de pareja y le pondrás cimientos fuertes a tu relación familiar.

Aquí comienzan:

1. Cambia el reproche y el sarcasmo por la sinceridad con amabilidad

"Lo cortés no quita lo valiente", dicen por ahí. Y en relación con la vida en pareja este dicho sí que tiene sentido y relevancia. No existe veneno más eficaz para acabar con la armonía en una relación que la aspereza verbal, o dicho en términos más sencillos, que la grosería y la descortesía.

A veces creemos que nuestra pareja está obligada a soportar nuestras indirectas, sarcasmos y falta de respeto. Nos justificamos diciendo que siempre hemos hablado claro y sin tapujos y que, por ende, a estas alturas del partido no vamos a cambiar los modismos y maneras que nos han caracterizado. Sin embargo, no hay expresiones que más hieran y minen cualquier relación que el sarcasmo y las indirectas.

El lenguaje áspero y vulgar es el principal ingrediente

para enfriar una relación y crear el ambiente propicio de la infidelidad. Las palabras y frases conforman el instrumento ideal para cultivar una relación, pero también son el instrumento más eficaz para destruirla. Por eso debes aprender a usar tu lengua de manera correcta. Capítulos atrás dediqué algunos renglones para hablarte del poder de las palabras y de la lengua. La lengua es un fuego que puede brindar calor, iluminar una oscuridad y proveer lumbre para la vida, pero también puede quemar y destruir un bosque completo *(Santiago 3:1–12)*.

> Las palabras bien utilizadas son las mejores aliadas a la hora de construir una relación de pareja sólida y armoniosa, pero al mismo tiempo las palabras sin control son los peores enemigos de una relación.

Proverbios 18:21 dice: *La muerte y la vida están en el poder de la lengua y el que la ama comerá de sus frutos.* Y no es un chiste. Con las palabras avivamos o matamos una relación. Por eso creo que toda terapia de sanidad en una relación debe comenzar con la terapia de la lengua. Aprender a usar las palabras como un fuego que ilumina, protege y sustenta y no como una llama que incendia y destruye. La mejor manera de practicar esto es expresando bondad, amabilidad y ternura.

No significa que cuando las circunstancias anden mal y tengas que expresar un desacuerdo o una opinión diferente debas callarte o cohibirte por temor a proferir palabras o frases que puedan herir. Podemos expresar desacuerdos, puntos de vista diferentes, incluso podemos expresar malestar, rabia y cualquier otro sentimiento con amabilidad y respeto. Podemos ser directos y francos, pero sin perder la ternura y las buenas maneras.

Una de las mejores maneras de entrenar la lengua para hablar con amabilidad, decencia y cordura es combinando adecuadamente los adjetivos que denoten molestia, malestar, disgusto, desacuerdo, ira, reclamo y cualquier otro sentimiento afín con un sustantivo que denote amabilidad y ternura. Por ejemplo, en vez de decir "¡No me gusta!" di "Mami, no me gusta"; en vez de decir "¡Te equivocaste!" di "Amor, estuvo mal", en vez de decir "¡Qué rabia!" di: "Cariño, estoy molesto".Esta es una clave simple pero contundente al expresar sentimientos u opiniones encontradas. La sinceridad nunca puede justificar la rudeza y el irrespeto. En cambio, si aprendes a comunicar correctamente tus emociones y sentimientos respecto a determinada situación, te aseguro que tu vida en pareja siempre estará protegida y resguardada de la incomprensión y el resentimiento. Recuerda que la norma más simple y elemental es hablarle siempre a tu pareja en el tono y lenguaje con el que tú quieres que ella te hable a ti.

2. Cuida tu apariencia personal

No solo la aspereza verbal destruye los cimientos de una buena convivencia en pareja. También el descuido físico hace su aporte infortunado en el proceso de deterioro de cualquier relación conyugal. Aunque no lo creas, el control del peso y el cuidado de la apariencia física y la higiene personal son asuntos de suma importancia para la estabilidad de la vida en pareja. No es cuestión de vanidad ni de egocentrismo; es cuestión de autoestima y mutua complacencia.

Es común que muchas personas mientras están solteras se esfuercen por mantener unos hábitos sanos de vida, como comer balanceadamente, controlar el peso, ir regularmente al gimnasio, mantener su apariencia física agradable. Creen que cultivándose de esa manera son más atractivas ante los ojos del sexo opuesto, y por consiguiente, las opciones de encontrar una buena pareja mucho más claras. Pero una vez logran el cometido, es decir, cuando se casan y establecen una familia, pareciera que ese asunto ya no es importante, por lo que se descuidan físicamente a unos niveles extremadamente asombrosos, pierden la noción de las proporciones y la estética, se engordan terriblemente, descuidan la apariencia física y hasta se vuelven sucias en cuanto a la higiene personal. Parecen no darse cuenta de que su descuido afecta a la otra persona. Cuando alguien se descuida físicamente, comienza a dejar de ser atractivo para su pareja, lo cual disminuye el deseo. El que la otra persona no lo exprese abiertamente no significa que esté de acuerdo con la forma como luce su cónyuge; lo que pasa es que muchas veces teme ofenderlo si le dice que no luce tan bien como durante el noviazgo. No obstante, si la apariencia no mejora y por el contrario se agudiza, esa falta de atracción desemboca en fastidio y rechazo, lo cual muchas veces no es directa o abiertamente manifiesto por lo que ya dije: por temor a herir y causar dolor. Pero interiormente la otra persona empieza a ver a su pareja con desagrado, ya no con ojos de atracción, sino de fastidio y desgano.

La persona puede llegar fácilmente a perder el apetito sexual debido al descuido de su cónyuge. Esto, por supuesto, es un factor que desencadena una ruptura en la armonía, pues causa grietas y deterioro en la relación. Después vienen las recriminaciones, los juicios y las mutuas acusaciones, y cuando menos piensas, ya estás a las puertas del divorcio.

Apreciado lector, cuando te casas haces un compromiso

de fidelidad, respeto y amor por tu pareja hasta el final de tus días. Pero ese compromiso también tiene otras inherencias. Cuando te casas, te comprometes a mantenerte atractivo para tu cónyuge y a conservar la armonía emocional, espiritual y física. Y una manera de cultivar esa armonía es cuidando tu cuerpo como templo del Espíritu Santo y como corona de honra de tu pareja. Recuerda que cuando te casas, tu cuerpo ya no te pertenece. Ahora le pertenece a tu cónyuge. Por lo tanto, debes cuidarlo como se cuidan los bienes ajenos: con responsabilidad y fidelidad. Cuando juraste en el altar que serías fiel, no solamente estabas diciendo que serías fiel en relación con otras personas; también estabas diciendo que serías fiel en relación contigo mismo, fiel conservándote íntegro moralmente y cultivando una vida sana y unos hábitos personales agradables.

No creas que como ya te casaste tu pareja tiene la obligación de aceptarte como eres, con tu descuido y tu desorden. Ella merece lo mejor de ti en todas las áreas. Por eso fomenta el cuidado de tu cuerpo, el aseo integral, aprende a comer sanamente y a controlar tu peso. Convierte en una meta primordial ser lo mejor para la otra persona. Si no lo puedes lograr por ti mismo, pídele a tu pareja que te ayude; conviértela en tu aliada para ese fin. Verás muy buenos resultados. Si tienes cualquier hábito que a tu pareja no le agrada, por amor a ella cámbialo. Esa será la forma más práctica de expresar cuánto le amas.

3. Fomenta momentos de intimidad

No debemos asociar, necesariamente, momentos de familiaridad a solas con la sexualidad. Fomentar momentos de intimidad significa mayormente buscar como una prioridad en la relación tener tiempos específicos de compañerismo para dedicarse el uno al otro. Lo recomendado es dedicar por lo menos de tres a cuatro horas semanales para estar con tu pareja, sin la presencia de los hijos, los nietos, los padres o a cualquier otra persona. Se sugiere que en este tiempo se desconecten del ambiente que comparten normalmente y busquen una atmósfera diferente y más lúdica, como por ejemplo salir a un restaurante, ir a ver una película juntos, salir de compras, o caminar. Esto no debe entenderse como una pérdida de tiempo, sino como una inversión que redundará en felicidad y calidad de vida para la relación.

Algo importante para tener en cuenta durante estos momentos de intimidad es que no deben ser tiempos para hablar sobre cómo les está yendo a los hijos en el estudio, por ejemplo, ni para discutir acerca de asuntos relacionados con la economía familiar o ciertos proyectos en curso. Este debe ser un tiempo dedicado exclusivamente para fomentar la comunión y la entrega. Para expresar amor a través de la dedicación mutua. Pueden usar este espacio para expresarse gratitud mutuamente, para afirmar la relación con palabras que denoten crecimiento y fortalecimiento. No uses estos momentos para recalcar errores o discutir desacuerdos. Busca otros espacios para ello. Cuando salgas de casa con tu cónyuge, que sea para disfrutar y oxigenar la relación.

4. Cubre la relación de pareja con un lenguaje romántico

El lenguaje romántico es una de las actividades que nunca fatigan en una relación. A todos nos agrada que nos hablen de manera especial, con palabras amenas y que hagan volar la imaginación a estados de emoción y afirmación.

Dios nos creó con la capacidad de ser románticos. Por lo tanto, debes esforzarte por crecer en esta cualidad permanentemente. Para algunos, por su carácter y personalidad, se les facilita ser amorosos y románticos. Otros deben hacer un mayor esfuerzo. Pero igualmente todos disfrutamos el romanticismo y estamos en capacidad de cultivarlo y desarrollarlo.

Una forma de fomentar el romanticismo es través de la creatividad, es decir, saltando los límites de lo convencional y monótono y atreviéndose a realizar actividades que nunca habías hecho. Por ejemplo, amigo lector, puedes escribir una carta romántica y dejársela a tu esposa en algún lugar, aun cuando no haya de por medio ninguna fecha especial. Otra forma es dejándole un pequeño regalo decorado de una manera particular y llamativa, pues si hay algo que hace feliz a una mujer son los detalles y, de manera especial, los empaques o las envolturas creativas. Sorprende a tu esposa con chocolates en forma de corazón, pero no muchos para que no afecte la dieta. Cómprale un ramo de rosas y déjale mensajes de texto cariñosos en su celular. Amiga lectora, déjale notas a tu marido pegadas a la entrada en la puerta de la habitación o del baño, para que cuando él entre o salga se sorprenda. Dile frases cariñosas y poéticas, así sean sacadas de un libro. Recítale un verso de Neruda o de su poeta favorito. Y si no tiene ninguno, invéntate una poesía o conviértete en su poetisa favorita.

Jamás pienses que ser romántico no va contigo o tu personalidad, porque Dios es un ser romántico por naturaleza y nosotros fuimos creados a Su imagen y semejanza. Te aseguro, por lo tanto, que si cultivas estas actitudes románticas y creativas a la hora de expresarle tus sentimientos, crearás el ambiente propicio para que la relación se renueve y oxigene y para que la llama de la pasión y el deseo se mantenga encendida y al rojo vivo.

5. Ten claridad en la vida sexual

Existen muchos tabúes o prejuicios con relación a la vida sexual entre las parejas. Sin embargo, para construir una sana sexualidad debemos aprender a hablar del tema abiertamente y con sinceridad. No hay comportamiento que más distorsione y cree un mal ambiente en el área sexual que guardar silencio con respecto a eso y dejar que las cosas ocurran por simple espontaneidad.

Los esposos deben aprender a comunicarse lo que les gusta y lo que no sobre la sexualidad. En particular los hombres debemos aprender mucho al respecto. Amigo, lee con atención esto que te voy a decir: si quieres ser realmente bueno en la vida sexual, debes permitir que tu esposa te enseñe. Es cierto que los varones se desarrollan, físicamente hablando, más rápido que las mujeres; pero también es cierto que los hombres solemos ser más acelerados e inmaduros en el arte de la sexualidad; por ende debemos aprender a manejar la fogosidad para administrarla y disfrutarla mejor.

Un buen comienzo es averiguar qué le gusta y qué no a tu pareja. Por lo general a los hombres casi nada les disgusta en ese asunto, pero la mujer es más sensible y delicada en la sexualidad en pareja, razón por la cual es básico y necesario que aprendas a hablar con ella de esto abiertamente y sin reservas, con el fin de conocer sus puntos de vista y poder desarrollar relaciones sexuales plenas para ambos. Nunca impongas tus gustos o apreciaciones; concilia, haz acuerdos y respétalos. De esa manera se desarrolla la confianza y una intimidad productiva.

Si tienes algún problema físico relacionado con la sexualidad, busca ayuda profesional. Asesórate de un buen médico especializado en ello. No es pecado buscar ayuda profesional, porque a Dios le interesa que funciones bien sexualmente con tu esposa (solo con ella, claro está). Debes hablar con ella acerca de tus problemas y dejar que te ayude y te comprenda. No seas machista pretendiendo solucionar tus problemas sin la ayuda de tu pareja.

Otro punto importante en la vida sexual en pareja es evitar que esta se contamine. No mires pornografía ni la uses como un elemento para "fomentar" la creatividad o la pasión. La pornografía no es un instrumento válido para incentivar o revitalizar las relaciones de pareja. A Dios no le agrada que mezcles algo santo con esta práctica que distorsiona la sexualidad y la pervierte. La pornografía marca la mente y la imaginación con imágenes difíciles de borrar, originando así necesidades y curiosidades por fuera del matrimonio. Los que se estimulan con pornografía están a un paso de cometer adulterio e infidelidad, si ya no lo están.

Se puede ser fiel y vale la pena serlo, pues de esa forma se garantiza no solo una vida sexual exitosa y plena, sino que se edifica sanamente la familia.

Capítulo 11

TU TIEMPO DE FLORECER SE ACERCA

Será como árbol plantado junto a corrientes de agua, que da su fruto en su tiempo, Y su hoja no cae, y todo lo que hace, prosperará.
—SALMO 1:3

EXISTE UN TIEMPO decisivo y crítico en la vida de una persona cuando el momento de florecer se acerca. Muchas personas abordan grandes proyectos, pero flaquean justo antes de la meta. Siempre los últimos peldaños suelen ser los más extenuantes y difíciles y los que más demandan energías y concentración. Estos también son los momentos en los cuales la ansiedad y la emoción de estar cerca a la cima nos producen mayor adrenalina, angustia y ataques de desesperación, razón por la cual nos convertimos en seres más vulnerables y proclives a dar un paso en falso.

Si existe un momento cuando el Enemigo de tu destino y herencia utilizará su artillería más pesada para detenerte, es este: ad portas de la victoria. Es durante esos últimos tramos del camino cuando tus pies enfrentarán más obstáculos y tentaciones, y cuando debes mirar con mayor concentración dónde pisas y cómo lo haces. Es en este tiempo cuando mayor luz necesitas para iluminar tu senda y tus sentidos, pues así no perderás ni la dirección ni el enfoque. Un paso en falso puede significar el final de una ardua jornada y de un sueño; un mal cálculo puede significar la pérdida de muchos esfuerzos y la culminación de una historia maravillosa. Por eso debes prestar atención y no confiarte demasiado. Muchos suelen confiarse y relajarse en la marcha porque creen que ya llegaron, cuando realmente todavía falta el tramo más empinado e insidioso.

Otros se distraen y pierden concentración porque dan por sentado que el impulso que traen será suficiente para dejarlos en la cumbre misma de la victoria y, sin embargo, no comprenden que la desconcentración puede convertir ese último impulso en derrota y frustración.

Por eso quiero presentarte dos principios para que tu tiempo de florecer se cumpla sin contratiempos y nada ni nadie te roben el fruto que estás a punto de cosechar.

Confía en Dios más que en tus fuerzas

El *Salmo 40:4* dice: *"El hombre que confía en el Señor es bienaventurado"*. Alcanzamos la bienaventuranza, o plena felicidad, cuando convertimos al Señor en la fuente de nuestra confianza y seguridad. Creo firmemente que quien confía en Dios por encima de su propia capacidad nunca pierde el enfoque, el equilibrio ni la estabilidad. Muchos pierden su herencia y la posibilidad de un nivel más alto de vida justamente porque cuando se sienten cerca de su tiempo de florecer dejan de confiar en el Señor para confiar más en su capacidad de maniobra, es decir, en sus habilidades y talentos.

Son muchas las personas que buscan el favor de Dios mientras comienzan determinada carrera hacia la cima de algún ideal personal, es decir, entre tanto que alzan vuelo y crecen en confianza; pero después, cuando sienten que el viento sopla a su favor, que el proceso avanza sin contratiempos y que sus pronósticos se cumplen maravillosamente, entonces se desconectan espiritual y emocionalmente de esa fuente superior de confianza para confiar en sí mismos y se vuelven prepotentes y arrogantes. Se obnubilan con el resplandor que emana de la cercanía del triunfo y eso les envenena el ego, les mata la humildad y la dependencia de Dios.

¡Ojo! Si existe un momento crucial en la vida en que más necesites depender de tu Creador, es durante el tramo definitivo hacia la meta. Es ahí justamente donde el panorama es más tentador y absorbente, y donde la mirada se puede distraer con mayor facilidad hasta perder el enfoque.

¿Cómo no perder el enfoque, el equilibrio y la estabilidad? Dependiendo de Dios en todo momento. Pero para que la confianza en el Señor no suene como una idea abstracta, te daré tres indicadores para depender de Dios.

1. Vida de oración

Una manera contundente para evaluar tu dependencia de Dios es midiendo los niveles de tu vida de oración. El tiempo que dediques a la oración dice mucho sobre dónde está tu corazón. Una persona que no quiere perder el enfoque, el equilibrio y la estabilidad no puede darse el lujo de descuidar la vida de oración, o convertir este tiempo en un momento esporádico en su vida.

Lo que hagas en el lugar secreto, en la presencia de tu Creador, tendrá un impacto directo en tus acciones ante el mundo exterior y frente a otros individuos.

A través de la oración consciente y consistente tu espíritu se revitaliza y tus pies se afirman en el terreno por donde debes caminar. La oración acerca el corazón a Dios; también nos impulsa y aproxima al lugar de destino.

La Biblia dice en Mateo 6 que cuando oramos en secreto, nuestro Padre celestial, que ve en lo secreto, nos recompensará en público. Así que puedes descuidar todo, menos la oración. La oración es la única manera de asegurarnos que los dilemas y las dificultades del camino no bloqueen nuestro acceso al lugar de destino y la plenitud que Dios deparó para nuestras vidas.

2. Vida de meditación

Si la oración te afirma espiritualmente y te da un sentido de dependencia y confianza en tu Padre celestial, la meditación en Su Palabra afirma tu carácter de conquistador, te provee confianza y seguridad en tu destino y afina tu sentido de dirección.

La lectura constante y disciplinada de las Escrituras te permite conocer de cerca el carácter de tu Creador, quién es Él, qué le apasiona y qué quiere para tu vida; también te describe la ruta que conduce a tu destino y te aclara cómo transitar seguro por ese valle sembrado de dificultades y enemigos visibles e invisibles. Por eso la mejor manera de ganar conciencia en cuanto a tu identidad y tu destino es consultando diariamente el manual del fabricante. De esta manera estableces una disciplina personal de lectura y de estudio profundo que despeja tu mente y fortalece el carácter de campeón que hay en ti.

Por eso antes que leer cualquier otro manual o instructivo lee las Escrituras. Antes de investigar cómo desencadenar tus potenciales escondidos escudriña en la Biblia los planes que Dios tiene para ti y cómo llevarlos a cabo. Sobre cualquier otro propósito, decide que tu máximo interés sea meditar en Sus Palabras de día y de noche, para que asegures Su favor y prosperes en todo cuanto emprendas. Y si no, lee esto:

> *Dichoso el hombre que no sigue el consejo de los malvados, ni se detiene en la senda de los pecadores, ni cultiva la amistad de los blasfemos, sino que en la ley del SEÑOR se deleita, y día y noche medita en ella. Es como árbol plantado a la orilla de un río, que, cuando llega su tiempo, da fruto y sus hojas jamás se marchitan. ¡Todo cuanto hace prospera!*
>
> —Salmo 1:1–3

3. Vida de servicio

El último indicador sobre la dependencia de Dios tiene que ver con el espíritu de servicio.

Se puede presumir de una vida de oración intensa y de una vida devocional disciplinada y constante; al fin y al cabo, estas son expresiones difíciles de evaluar desde afuera, porque pertenecen al ámbito de nuestra intimidad. Pero de lo que no se puede presumir es de una vida de servicio, porque no se mide con las palabras sino con las acciones.

Las personas que confían en Dios y reposan en Él a pesar de cualquier circunstancia son de espíritu alegre, siempre tienen una actitud de gratitud y alabanza. Sin embargo, la señal más visible no está ni en las palabras ni el brillo del rostro sino en su permanente disposición para servir.

Su mejor manera de decir "Señor, creo y confío en ti" es sirviendo a otros con una actitud humilde y sensible. Esa es su señal y su distintivo. Y no podría ser de otra manera, pues el rasgo que más nos hace parecer a Dios es la actitud generosa y servicial. Por eso esta debe ser una de las áreas que más desarrollemos, porque es de las más difíciles en cuanto a voluntad y decisión. Tú puedes crecer en visión, autoestima y capacidad para administrar grandes proyectos de fe y, sin embargo, eso no te hará parecerte a Dios como cuando desarrollas el espíritu de servicio. Es entregando tiempo, fuerzas, recursos y disposición para ayudar a otros como realmente desarrollamos el carácter cristiano y demostramos dependencia de Dios.

El espíritu de servicio es otro de los grandes ingredientes del éxito. Esta es la actitud que nos da textura, estabilidad y credibilidad. La gente te tomará realmente en serio cuando tus palabras graviten en el mismo paralelo de tus acciones, cuando lo que digas esté en completa alineación con lo que haces. Es ahí realmente cuando eres creíble y llamas la atención, cuando brillas con una luz propia que te garantiza caminar con los cielos despejados hasta el final de tu jornada.

Corre la última milla como si fuera la primera

El segundo principio es correr hasta el final con la misma motivación del principio.

Siempre me he preguntado: ¿Por qué tantas personas comienzan proyectos o grandes desafíos de fe y apenas unas pocas logran llegar al final de su realización? La razón es porque no corren la última milla como si fuera la primera. O dicho en términos más coloquiales, porque tienen mucha iniciativa pero poca "acabativa".

¿Cuántas personas con iniciativa conoces? Seguro que muchas. Las personas con iniciativa abundan en nuestro medio. Se ven y se distinguen a lo lejos. Se la pasan hablando con gran entusiasmo de sus proyectos, teorizan cómo y cuándo será el momento de empezar a correr hacia la meta de su realización y culminación. Son personas que desbordan lucidez y vitalidad cuando hablan de las cosas que quieren hacer y es realmente una delicia oírlas hablar y exponer sus iniciativas con emoción y pasión.

Pero, ¿cuánta gente con "acabativa" conoces? Seguro el panorama no es tan florido y abundante como en la primera pregunta. Entre la iniciativa y la "acabativa" hay un camino largo y desgastante, un proceso surcado de grandes desafíos y muchas ampollas en los pies, en las manos y en todo el cuerpo. Es muy fácil comenzar a correr halados por la ilusión de un mejor porvenir y seducidos por la idea de un nivel más alto de vida. Sin embargo, entre la aspiración y el logro está la cruel realidad, que casi nunca es benevolente con los emprendedores. Y solo quienes tienen una dosis superior de confianza y determinación pueden sortear los grandes altibajos de la carrera y lograr las cumbres elevadas de la realización.

La clave de la conquista está, como dice la Escritura, en *perseverar hasta el fin (2 Timoteo 4:7)*, en correr la última milla como si fuera la primera, es decir, con pasión y esperanza. Si corres con pasión pero sin esperanza, pronto te cansarás y desistirás en algún tramo inclemente. Y si corres con esperanza pero sin pasión, te estarás engañando a ti mismo. Sería como pretender atravesar un gran río en un barco de papel.

La iniciativa demanda unos cuantos gramos de pasión. Pero la "acabativa", en cambio, exige una tonelada de pasión y dos más de esperanza. Esa es la razón por la cual muchos comienzan pero no acaban.

Pero eres diferente. Tienes un linaje y un destino único que espera por ti y tu familia. Tienes un Dios Único y Todopoderoso totalmente disponible para ti. Todo cuanto tienes que hacer es creer que Su mano puede guiarte hasta el final de tu camino y caminar seguro de que Él no te dejará ni te desamparará.

Mi oración es que puedas recibir todo cuanto el Padre tiene para ti, y que a través de estas líneas tu espíritu y tu corazón reciban la gracia para creer que Dios tiene una visión de éxito para tu vida.

Epílogo

LA HAZAÑA CONTINÚA

Espero que la lectura de este libro haya sido una experiencia revitalizadora para ti y tu familia. Recuerda que los libros no se escriben solo para ser leídos sino para ser vividos. Y este en particular fue escrito para mostrarte los principios que hacen la diferencia entre vivir aislados en la cueva del conformismo, el temor, la pereza o la religiosidad y la vida en las cumbres de la victoria y la realización.

Dios no te creó para vivir en la soledad y oscuridad de una cueva. Todos tus sentidos, aptitudes y potenciales físicos y espirituales fueron diseñados para una vida de altura, para una vida con propósito y excelencia. Todo cuanto necesitas para alcanzar ese nivel y vivir en el estándar de Dios es decidir ser lo que Él quiere que seas. Creo que la lectura de este libro traza una primera línea hacia ese propósito. Ahora el siguiente paso es comenzar a caminar hacia la puerta de salida de esa cueva personal en la que, *sin querer queriendo*, has terminado refugiándote motivado por uno de los tantos temores que agobian al ser humano.

Dar esos primeros pasos quizá constituyan un acto de fe monumental que demanden todas tus reservas de voluntad. Sin embargo, si lo haces ahora mismo, te garantizo que tu vida nunca será igual. Comenzarás a experimentar una gracia y un favor desconocidos. La gracia y el favor de tu Padre celestial comenzarán a fluir en tu favor, te aclararán la vista y agudizarán tus sentidos de dirección. Una vez llegues a la puerta de tu cueva, no te intimides con la inmensidad del paisaje. Recuerda que por tus venas corre sangre de campeón y que tu destino es ser un conquistador.

Todo cuanto tienes que hacer es caminar hacia la montaña de tu bendición personal, con la fe y la convicción de que encontrarás un nivel superior de plenitud y bienestar.

¡Adelante, Dios está contigo!

—Jhon Milton Rodríguez González

Eres importante para nosotros y queremos saber de ti. Puedes seguir en contacto con *Vida imparable* y la serie *Visión y Éxito para tu vida*.

Déjanos conocer tus opiniones sobre nuestro libro y qué temas te interesaría que abordáramos.

Será un gusto acompañarte semana a semana, superando desafíos, conquistando sueños y descubriendo el propósito de Dios para tu vida.

Mail: jhonmilton@misionpaz.org
Twitter: @PrJhonMilton
Facebook: pastorjhonmilton (página oficial)
Instagram: @jhonmiltonrodriguez
www.jhonmilton.org

Conferencias en vivo:
Sábados
3:00 p.m. y 6:00 p.m.
Domingos
7:00 a.m., 9:15 a.m., 11:30 a.m., 4:00 p.m. y 6:15 p.m.

Sede principal
Avenida 6 No. 47-197 Cali, Colombia
Tel.: (572) 524 2345

BIOGRAFÍA DEL AUTOR

Jhon Milton Rodríguez, casado con la diseñadora de modas y comunicadora social Norma Stella Ruiz A., es padre de cuatro hijos: Giselle, Diana Carolina, Kelly Johana y Jhon Esteban. Junto a su esposa preside Misión Paz a las Naciones, la universidad empresarial CUDES y la Fundación Misión Paz.

GUÍA DE 21 DÍAS
PARA LA SANIDAD INTERIOR
Libro interactivo que combina técnicas innovadoras de la Psicología con la Palabra de Dios.
Trabaja con asuntos como:
• Sanidad del niño interno
• Completar el proceso de perdón
• Control efectivo de emociones
• Restaurar la visión
• Levantarse del cansancio emocional y espiritual
Prólogo por la Dra. NORMA PANTOJAS
Dra. LIS MILLAND
Vive libre
VIVE FELIZ
Una guía de 21 DÍAS para la sanidad interior
¡EXPERIMENTARÁ LA SENSACIÓN DE QUE SE ENCUENTRA EN UN PROCESO TERAPÉUTICO!
www.casacreacion.com
Facebook.com/CasaCreacion
CASA CREACIÓN
14059